Livre, leve e forte

Copyright © 2021 por Luiza Agreste Nazareth
Todos os direitos reservados por Vida Melhor Editora LTDA.

Os pontos de vista desta obra são de responsabilidade de seus autores e colaboradores diretos, não refletindo necessariamente a posição da Thomas Nelson Brasil, da HarperCollins Christian Publishing ou de sua equipe editorial.

Publisher	*Samuel Coto*
Editora	*Brunna Castanheira Prado*
Estagiárias	*Beatriz Lopes e Lais Chagas*
Preparação	*Eliana Moura Mattos*
Revisão	*Clarissa Melo e Jaqueline Lopes*
Diagramação	*Sonia Peticov*
Ilustração da capa	*Roberta Yumi Abe*
Capa	*Luna Design*

Dados Internacionais de Catalogação na Publicação (CIP)
(BENITEZ CATALOGAÇÃO ASS. EDITORIAL, MS, BRASIL)

N247
    Nazareth, Luiza Agreste
    Livre, leve e forte: um caminho para se libertar do que te pesa e descobrir a leveza e a força que você foi criada para ter / Luiza Agreste Nazareth. – 1.ed. – Rio de Janeiro: Thomas Nelson Brasil, 2021.
    192 p.; 13,5 x 20,8 cm.

    ISBN 978-65-56892-42-9

    1. Autoestima. 2. Crescimento espiritual. 3. Empoderamento feminino. 4. Liberdade – Aspectos religiosos. 5. Mulher cristã. I. Título.

07-2021/27   CDD: 248.843

Índice para catálogo sistemático:
1. Mulheres cristãs: Vida cristã: Cristianismo 248.843

Bibliotecária responsável: Aline Graziele Benitez CRB-1/3129

Thomas Nelson Brasil é uma marca licenciada à Vida Melhor Editora LTDA.
Todos os direitos reservados à Vida Melhor Editora LTDA.
Rua da Quitanda, 86, sala 601A — Centro
Rio de Janeiro — RJ — CEP 20091-005
Tel.: (21) 3175-1030
www.thomasnelson.com.br

Livre, leve e forte

Um caminho para se libertar do que te pesa, descobrindo a leveza e força que você foi criada para ter

Luiza Agreste Nazareth

Antes de mais nada... • 07

01

Tire as armaduras • 13

(e corra o risco de ser vista por inteiro)

02

Quebre suas idealizações • 25

(e encare a imperfeição da realidade)

03

Abra mão das mágoas • 41

(e liberte-se por meio do perdão)

04

Mude seu olhar • 59

(e passe a ver-se como plenamente amada)

05

Pare de buscar • 77

(e perceba que já encontrou tudo de que precisa)

06

Deixe de se comparar • 89

(e compartilhe as dores e delícias do caminhar)

07

Perca o controle • 107

(e abrace o desconforto de "não saber")

08

Siga com quem sabe o caminho • 121

(e descubra a leveza de se deixar ser conduzida)

09

Tenha uma nova esperança que não falhará • 145

(e um propósito empolgante pelo qual viver)

10

Torne-se quem foi criada para ser • 165

(e descubra a força que você foi feita para ter)

O fim que é só o (re)começo • 187

Antes de mais nada...

ANTES DE MAIS NADA...

*E*ste livro é sobre uma garota que acreditou por tempo demais em mentiras que a aprisionaram a uma vida de ansiedade, medo, vergonha e culpa. Essas convicções fizeram-na esconder-se por detrás de uma armadura, a fim de não mais se sentir vulnerável. Acreditou que viver dessa maneira seria mais seguro do que ser ela mesma e correr o risco de não ser amada se fosse vista por inteiro.

Graças a Deus, essa garota conseguiu encontrar um caminho para se libertar e está aprendendo a segui-lo com leveza e coragem. Essa garota sou eu, mas essa história também é sobre você, porque sei que as mentiras em que acreditei por tanto tempo também rondam a sua mente e a de tantas garotas por aí afora, minha amiga.

Por isso, enquanto lê a minha história, mergulhe nas suas próprias luzes e sombras, certezas e dúvidas, alegrias e tristezas, feridas e aprendizados. Nada foi em vão. Tudo o que você viveu até aqui contribuiu para que fosse quem é hoje. E você é mais valiosa e amada do que imagina! Não a despeito de tudo o que você fez ou fizeram com você, mas em meio a tudo isso. Você é preciosa com todas as suas nuanças, traços, feridas e fraquezas.

Nesse mergulhar, relembre sua história com as lentes do perdão, da compaixão e da graça, não da culpa e do ressentimento. A gente leva nas costas o que escolhe carregar. Perceba que você fez (ou deixou de fazer) o melhor que podia com os recursos que tinha naquele dado momento da sua vida. Olhe para os demais personagens da sua história também com graça e compaixão, acreditando que eles te deram o melhor que tinham para dar, e percebendo que dentro deles também existem pessoas feridas.

Relembre a sua história quantas vezes forem necessárias até que consiga ver a linha narrativa tão lindamente criada para você viver. Nesse relembrar, duvide de alguns pressupostos que tem sobre si mesma, sobre a vida, sobre os outros e sobre Deus. Pode ser que tenha aceitado como verdade inquestionável algo que não corresponde à realidade.

O seu caminhar pode ser mais livre, leve e forte quando você escolher se deixar conduzir por Aquele que te criou e escreveu a sua história. Mas, para isso, você precisa se reencontrar com Ele de uma forma única e íntima. Ele não é só força, luz, energia ou universo impessoal. O Criador deseja se relacionar com você como um Pai que ama e cuida de sua filha. Mesmo que tente fugir Dele ou fingir que Ele não existe... Ele ainda está ali, batendo à porta do seu coração. E o fato de estar lendo este livro é mais uma forma de Ele mostrar o quanto te quer nos Seus braços.

Ele bate à sua porta e quer te conduzir amorosamente no caminho Dele. Abrir a porta para Ele te conduzirá para a verdadeira liberdade, leveza e força que tanto anseia. Nesse caminho, você é eternamente amada. Você pertence a Ele, está segura; pode descansar e parar de buscar provar seu valor a todo momento da sua vida. Ele nunca vai te abandonar.

Ele promete fazer com que até as partes mais sombrias da vida cooperem para o final feliz que Ele sonhou para você.

Quando nos aceitamos como filhas amadas pelo Deus Criador, mesmo que não entendamos agora, podemos olhar para frente tendo a certeza de que tudo vai se encaixar em um lindo quebra-cabeça no final.

Antes de mais nada...

Nas próximas páginas, quero compartilhar com você, em meio a relatos de experiências e aprendizados pessoais, o meu processo de aceitar abrir a porta para Ele e andar no caminho para a vida de verdadeira liberdade, leveza e força que Ele nos dá. Mas deixa eu te contar um segredo logo de cara? Ainda não sou uma pessoa completamente livre, leve e forte.

Na verdade, quanto mais mergulho na minha história, mais percebo o quanto ainda preciso de liberdade, leveza e força. Quanto mais jogo luz nas minhas sombras, mais percebo o quanto preciso Dele para cada novo passo.

Ainda convivo com uma impostora que tenta me convencer de que eu não sou realmente amada e deveria continuar me protegendo com armaduras. Vez ou outra me pego novamente no quarto escuro da minha alma, mesmo que a porta para a luz já tenha sido aberta.

Todas as vezes em que volto para a escuridão, Ele me chama a ir para a luz novamente e aceitar o risco de ser vista por inteiro, mesmo com todas as minhas sombras, dúvidas e feridas.

Quando ouço a Sua voz gentil e escolho deixar a armadura aos pés do amor do meu Pai, Ele me reveste com as verdades graciosas que revela a meu respeito, e encontro força para continuar seguindo, com passos pequenos, vulneráveis e imperfeitos, até a completa liberdade, leveza e força que Ele tem para mim.

Ele me dá esperança de um dia ser perfeitamente livre, leve e forte. Enquanto esse dia não chega, escolho rejeitar as armaduras da impostora e viver com base em quem Ele diz que sou. Todo dia Ele me chama para a luz da sua verdade novamente.

Você também pode ser filha amada do Criador e descansar na certeza de que sua vida está sendo conduzida em amor, bondade e fidelidade para um final feliz. Você também pode andar livre, leve e forte com Ele. Dito tudo isso, pegue um café quente, puxe uma cadeira e vamos conversar!

01

Tire as armaduras

(e corra o risco de ser vista por inteiro)

Eram quatro horas da manhã quando fui acordada pelo meu coração disparado e um aperto no meio do peito que me impedia de respirar. Meus olhos se abriram em um susto. Eu iria morrer? Pensamentos começaram a encharcar minha mente e ameaçavam me afogar. *Seria melhor morrer do que continuar vivendo assim*, pensei de novo.

Eu estava naufragando em um mar de medo, vergonha, culpa e angústia. A ansiedade tinha nublado meus olhos e a escuridão inundou meu coração. Como pude chegar a esse ponto? Não sabia naquele momento, mas essa madrugada insone era consequência de uma série de mentiras que eu havia carregado até ali.

Quando acreditei nelas, não sabia que eram mentiras, pois se disfarçavam de meias-verdades ao se apropriarem de algo verdadeiro mesclado com distorções e ilusões. Aí ficamos assim, crendo piamente que estamos fundamentadas em verdades, só para sermos acordadas no meio de uma madrugada com aperto no peito, de ansiedade.

Nos anos anteriores àquela madrugada, as circunstâncias da vida puxaram meu tapete e as peças do meu interior estavam se quebrando com mais velocidade do que conseguia consertá-las. As estratégias que havia desenvolvido até ali para me proteger estavam se mostrando ineficientes. Procurava dentro de mim algum bote salva-vidas para me apoiar, mas as meias-verdades que carregava não se mostravam capazes de me sustentar por muito tempo antes de começar a me afogar novamente.

Ao invés de me salvar, essas meias-verdades eram como correntes me aprisionando a padrões idealizados que me afundavam em frustrações, comparações, culpas e anseios. Pressionavam-me a querer dar conta de tudo sozinha, achando não precisar de mais ninguém. Apressavam meus pensamentos, tentando antecipar todos os cenários do futuro, a fim de traçar estratégias para que nada saísse do meu controle. Faziam eu me esconder por detrás de uma armadura de aparente força e capacidade de lidar com qualquer situação, mas, por dentro, meu coração inseguro chorava solidão e impotência.

Presa nesse emaranhado de mentiras, eu não deixava que ninguém chegasse muito perto a ponto de ver as rachaduras da minha armadura. Quando olhava no espelho, só via aquilo que ainda precisava ser consertado ou escondido. O peso, a pressão e prisão não tinham fim.

Em meio à escuridão do meu ataque de pânico às quatro da manhã, as meias-verdades não eram o bastante... Eu precisava de amor de verdade. Eu precisava que alguém invadisse a minha escuridão e me amasse assim, sendo só sombras e peças quebradas. Mas quem poderia me dar o amor de que eu tanto precisava? Se me vissem aos pedaços, incompleta e imperfeita, como poderiam me amar? Será que existiria outro caminho para me sentir plenamente amada que não o de tentar me proteger, consertar e esconder por trás de uma armadura?

O caminho para nos libertar das mentiras que nos pesam e aprisionam

Não sei qual a sua experiência, mas eu cresci ouvindo falar de um Deus que criou tudo de maneira perfeita, admirável e harmoniosa. Esse Criador fez os humanos para serem amados, sustentados e protegidos por Ele. Eles foram incumbidos de encher, cultivar e governar o mundo criado, cuidando dele por meio da sabedoria que o Criador lhes daria. Aliás, esse Deus Criador é a própria definição e fonte de todo amor e sabedoria para viver.

Mas algo aconteceu e as coisas não foram mais como deveriam ser. Os primeiros humanos desconfiaram de que o Criador era realmente bom e escolheram não beber mais Dele como fonte de amor e sabedoria para viver. Essa desconfiança veio de uma primeira mentira que fora contada a eles: "Ele está escondendo algo, e vocês poderiam encontrar amor e sabedoria sem depender Dele", foi o que o inimigo do Criador disse.

Eles se rebelaram contra o Criador e cavaram poços pra encontrar amor e sabedoria com seu próprio entendimento. Rejeitaram-no como fonte de amor e sabedoria para viver. Quando os primeiros humanos tomaram essa decisão, instalou-se em seus corações os sentimentos de medo, vergonha, culpa e desconfiança. Esses sentimentos são consequência de algo que corrompeu todo o sistema operacional da humanidade e da criação: um vírus chamado "pecado".

A humanidade passou a viver competindo, retendo e acumulando o bem da vida para si, abusando do outro e do resto da criação. Criou personagens, se escondeu detrás de armaduras e passou a conviver utilizando armas em vez do amor. Desde esse fatídico dia, algo se quebrou dentro de todos nós, herdeiros desses primeiros seres humanos, e fez com que tivéssemos visões distorcidas de quem nós somos, de quem o Criador é e de como deveríamos viver. Todos nós, sem exceção, nascemos nesse estado de rebelião contra o Criador. Feridas se abriram na nossa alma, mentiras se instalaram na nossa mente e armaduras cobriram nossos corações, agora corrompidos e incapazes de reter amor e sabedoria.

O medo, a vergonha, a culpa e a desconfiança que todos nós sentimos não nascem nos corações somente como consequência de experiências e traumas que acumulamos durante a vida. Esses sentimentos são inerentes à nossa condição humana corrompida pelo vírus mortal do pecado – desde nosso nascimento, já estão instalados em nossos corações. Como feridas que insistem em doer, interpretamos a vida a partir deles. Tomamos decisões com base nessas percepções e acabamos por imitar os mesmos comportamentos equivocados dos nossos primeiros pais.

Todo ser humano, com coração corrompido após o jardim do Éden, já nasce com essa perspectiva da vida: *Tenho algo quebrado dentro de mim e estou desconectado do que pode me consertar. Sinto vergonha, medo e culpa. Desconfio de que o Criador seja realmente bom e queira o meu bem. Não posso confiar em ninguém que não em mim mesmo. Por isso, me escondo do outro e do Criador por detrás de personagens e armaduras.*

Nossos corações foram criados para se satisfazer em uma relação de intimidade com o Criador. Uma das principais distorções do pecado é fazer-nos desejar satisfação em outras coisas, causas e pessoas que não Ele.

Mesmo tendo crescido em um ambiente religioso, sabendo toda a teoria sobre Deus, ainda colocava minha verdadeira confiança na capacidade de me proteger e prover por mim mesma. Eu sabia quem Deus era, mas não bebia Dele como fonte de amor e sabedoria para minha vida. O que eu sabia sobre Deus ainda não havia feito morada dentro das convicções mais profundas de mim.

Em meio à turbulência do meu coração naquela madrugada ansiosa, porém, todas as estratégias para me proteger e prover por mim mesma tinham se mostrado falhas. Resolvi fazer a última coisa que me restava: me render e pedir que Ele me ajudasse a acreditar, de verdade, nas teorias que havia ouvido até ali.

Inclinei minha cabeça até o chão, abracei minhas pernas, enchi os pulmões e orei em meio a lágrimas: *Eu não consigo me salvar sozinha. Acho que Você existe. Já ouvi dizer que me ama e que eu não preciso fazer nada para merecer esse amor, mas não estou conseguindo experimentar isso como uma verdade no fundo do meu coração. Venha me salvar, por favor. E me conduza pelo Seu caminho, porque é minha última esperança.*

Nesse momento, Ele veio andando por sobre as águas turbulentas do meu coração, me socorreu e me contou a boa notícia que mudou a minha vida: *Não tenha medo. Eu sou com você. Existe um caminho melhor. Deixa eu te contar a verdade sobre mim, sobre você e sobre o amor que eu tenho pra te dar. Posso conduzir sua vida pelo caminho que vai te levar à liberdade, leveza e força que você foi criada para ter? Posso te levar até o Pai?*

Quem me desafogou naquele momento foi o próprio filho do Criador. Ele que, mesmo sendo divino, resolveu virar pele, osso, cabelo, carne e sangue e viveu por certo período de tempo como um de nós, seres humanos corrompidos em rebelião contra o seu Pai. Ele foi o único ser humano que viveu livre, leve e forte em um mundo corrompido pelo pecado. O único que passou impecável pela vida, sem desconfiar do Pai e dependendo plenamente do amor e da sabedoria Dele para viver.

Ainda assim, escolheu entregar sua vida para dar sua identidade de filho impecável a tantos outros. Ele tomou sobre si todo o peso do pecado que nos distanciava do Criador, subiu em uma cruz, foi esmagado pelo castigo que eu e você merecíamos. Ele escolheu ser amaldiçoado, a fim de que eu e você pudéssemos estar livres para nos aproximar de Deus e chamá-lo de Pai, sem medo de recebermos castigo. O preço foi alto para Ele: custou virar gente, carregar o peso da nossa rebeldia em suas costas e derramar seu sangue inocente em uma cruz para nos dar uma nova chance de viver com o Pai.

Ele, o próprio filho do Deus Criador de todas as coisas, estava pedindo, com toda a gentileza, que me abrisse para ir com Ele no Seu caminho para a vida livre, leve e forte: "Quero morar em você e lhe transformar de dentro pra fora em alguém como eu, capaz de confiar no Pai como eu confio. Quero te conduzir pelo caminho que conduz à vida livre, leve, forte e reconectada com o Criador. Confia em mim? Deixa eu te liberar da escravidão das suas armaduras? Deixa eu te mostrar o caminho do amor de verdade?".

Esse convite era, ao mesmo tempo, o mais fascinante e aterrorizante que eu já havia recebido. Fascinante, pois não exigiria nada de mim, além da confiança de que Ele é bom, sabe o caminho e quer o meu bem. Mas, ao mesmo tempo, era aterrorizante, porque eu precisaria depender completamente Dele, sem armaduras e controle de onde Ele me levaria. Quem eu seria sem minhas armaduras? Como poderia me esconder e me proteger sem elas?

Um convite à vida livre, leve e forte

Por mais "perfeita" que tenha sido sua vida, minha amiga, você também acreditou em algumas mentiras que a aprisionaram e fizeram com que se escondesse por detrás de armaduras. Nenhuma de nós está isenta de acreditar em alguma mentira na vida. Todas nós, herdeiras dos primeiros seres humanos, carregamos medo, vergonha e culpa por aí, interpretamos a vida por essa lente e desenvolvemos algumas estratégias para conseguir lidar com esses sentimentos que nos pesam, aprisionam e pressionam.

Algumas de nós, como eu, tentamos controlar tudo e todos a fim de passar a impressão de estar dando conta sozinhas. Outras abrem mão de todo controle completamente e vivem esperando que outros as salvem. Há também aquelas que focam sua energia em salvar outras pessoas, aparentemente amando, mas, no fundo, esperando que o outro as valorize a ponto de dar-lhes amor em troca.

Seja você uma "controladora que não precisa de ninguém", uma "donzela indefesa esperando ser salva" ou uma "salvadora de todos ao seu redor", você faz tudo isso para suprir a sua necessidade de amor e sabedoria para viver. Você foi criada para o amor de verdade que vem do próprio Deus Criador e não encontrará descanso enquanto não beber dessa fonte.

Tentamos nos proteger de vivenciar o medo, a vergonha e a culpa usando as armaduras que criamos, mas nenhuma dessas estratégias nos conduz para o amor de verdade. Todas elas só nos conduzem à frustração, ao isolamento, ao ressentimento e a ainda mais medo, vergonha e culpa.

Para viver a vida livre, leve e forte para a qual fomos criadas, precisamos deixar para trás essas tentativas frustradas de consertar a situação com nossas próprias mãos, reconhecendo-as como incapazes de nos dar aquilo que tanto desejamos. Precisamos reconhecer o medo, a vergonha e a culpa como inerentes à nossa condição humana e nomear as mentiras que nos habitam por conta deles. Precisamos encontrar a raiz do nosso problema e ousar seguir Aquele que nos conduzirá à verdadeira solução.

Não conseguimos libertar nossas mentes e corações do vírus mortal do pecado por nossos próprios esforços, mas o filho Dele, a solução definitiva, está à porta e bate. Ele viveu como um de nós, venceu o pecado e nos oferece a cura.

Caminhar com Ele não é fácil, pois é um longo processo de despir-se e tornar-se vulnerável para ser restaurada como quem você foi criada para ser. Mas é o único caminho que nos conduz de volta à fonte de amor e sabedoria verdadeiros, para os quais fomos criadas.

Com minhas mãos trêmulas e ainda inseguras, dei a mão para Ele. As suas mãos divinas ainda estavam marcadas pelas feridas que Ele ganhou ao virar gente. Ao tocá-lo, minhas armaduras se desfizeram, senti a dor das minhas feridas ardendo e os meus joelhos tremendo em vulnerabilidade. Mas Ele me abraçou. "Não tenha medo. Eu sou com você." No Seu abraço encontrei a segurança que nenhuma armadura havia me dado.

Quando aceitamos o convite Dele, percebemos que todo o medo, vergonha e culpa de andar sem armaduras se tornam minúsculos se comparados com o amor que encontramos no caminho. Existe esperança de vivermos livres, leves e fortes, mas somente ao nos entregarmos por completo para sermos transformadas e guiadas pelo único ser humano que venceu todo medo, vergonha e culpa: o próprio filho de Deus feito homem, Jesus.

Nas próximas páginas, convido você a voltar comigo alguns anos antes dessa madrugada insone para te mostrar todas as meias-verdades que precisei trazer para a luz de Jesus, a fim de caminhar cada dia mais livre, leve e forte com Ele.

Acredito que você vá se identificar com algumas (senão todas!) as mentiras em que eu acreditei. Ao ver as armadilhas que eu caí em busca de amor, sabedoria e segurança para viver, eu te convido a revisitar a sua história, nomear as mentiras em que você também acreditou e trazê-las para a luz de Jesus.

Para além das mentiras, quero te contar também os passos que precisei dar para seguir em frente a partir de uma nova perspectiva que não fosse mais baseada nas meias-verdades que carreguei até ali. Ao escolher caminhar com Jesus, Ele nos convida a dar passos de coragem e a encarar a realidade desse nosso mundo corrompido depois do Éden, incapaz de alcançar a perfeição que tanto desejamos (e da qual temos tanta saudade).

Nesse desiludir e aceitar a realidade como ela é, podemos parar de esperar por amor em lugares, coisas, pessoas e causas que são incapazes de nos satisfazer. Só nos libertando das expectativas irreais e colocando nossa esperança no seu devido lugar podemos nos encher com o amor de verdade e nos dispor a transbordar generosamente esse amor para os que nos cercam.

No caminhar com Jesus, Ele nos conduzirá em um processo de transformação no qual precisaremos segui-lo para os cantos mais escuros das nossas almas, abrindo mão das mágoas que guardamos do passado, dos padrões idealizados que temos para o nosso futuro e das comparações que continuamos fazendo no presente.

Esse transformar-se pela presença Dele em nós durará uma vida toda, e não é um processo feito para ser vivido sozinha. Por isso, precisamos dar o passo de nos abrir para que outros nos ajudem na caminhada. Andar com outros seguidores de Jesus nos ajudará a permanecer com nossos olhos fixos na verdade que nos sustenta e fortalecerá nossos joelhos fraquejantes para que não caiamos novamente em armadilhas que ainda estarão no caminho.

Espero te ajudar a nomear suas mentiras, deixar que a presença de Jesus te transforme e te capacite a viver a partir da verdade que Ele diz sobre você. Ele também está à sua porta e bate. O caminho para a vida livre, leve e forte que Ele nos oferece não é fácil, mas o destino é lindo e a companhia é boa. Vamos juntas?

02
Quebre suas idealizações

(e encare a imperfeição da realidade)

*Q*uatro anos antes dessa madrugada insone e ansiosa, eu estava grávida de quase nove meses do meu primeiro filho. Era uma menina de 24 anos, esforçada, com uma carreira deslanchando; chorava copiosamente às 21h de uma sexta-feira, sozinha no escritório da empresa em que eu trabalhava.

Ninguém estava me vendo ou havia me pedido para estar lá até aquela hora. Era meu último dia de trabalho antes de entrar em licença-maternidade. Mal sabia que seria também um dos meus últimos dias de gravidez. Eu era uma pessoa completamente dependente de aplausos pela minha performance, para sentir que eu tinha algum valor.

Minha estratégia para me sentir segura até ali era buscar aprovação das pessoas. Para isso, criava padrões elevados que eu precisava atingir e me cobrava alcançá-los. Exigia de mim mesma e, consequentemente, exigia dos outros. Queria dar conta de todas as expectativas irreais que tinha a meu respeito. Queria me sentir forte e competente. Queria ser admirada e me sentir segura de mim mesma. Queria não depender de ninguém e nem estar aquém de ninguém. Queria ser impecável, inquestionável, inabalável.

Havia passado os meses anteriores lendo todos os livros possíveis sobre parto, gestação e criação de filhos, a fim de me preparar para "dar conta" de ser a melhor mãe que poderia. Ao mesmo tempo, trabalhei como se não estivesse grávida, tentando provar que, mesmo prestes a ficar um tempo sem "produzir", eu ainda tinha valor. Todo o meu esforço e cansaço agora escorriam pelos meus olhos. Estava carregando o peso de precisar ser a melhor versão de mim mesma, tentando sempre esconder minhas falhas e imperfeições.

Fechei o *laptop*, limpei as lágrimas e, olhando no espelho do elevador vazio, me despedi de quem eu fui até ali. Sentia que aquela menina não ia voltar mais pra lá. Quem eu seria depois que meu filho nascesse? A única coisa que minhas lágrimas conseguiam me dizer era: *Eu... não... sei*. E isso me desesperava.

Para tentar afogar a minha angústia, no táxi a caminho de casa comecei a listar: *Antes de ele nascer, tenho que... terminar de ler aquele livro, sair com o meu marido, sair com as minhas amigas, fazer a unha, fazer um estoque de comida congelada, terminar as lembrancinhas de maternidade...* A lista de mais de trinta itens pesava sobre mim mais que a barriga de nove meses. Nunca iria conseguir fazer e ser tudo aquilo que eu achava que tinha que ser e fazer para alcançar o padrão que coloquei para mim mesma.

"Bom descanso! Uma boa noite pra você e para o neném", o taxista me diz, lentamente parando o carro em frente ao meu prédio. Olho para fora da janela e as gotas de chuva se confundem com minhas lágrimas. *Que bom, ele não vai notar.* "Obrigada", disse rapidamente enquanto fechava a porta do carro.

Esquecendo da vergonha, olhei para o céu, deixando meu corpo se encharcar e a chuva lavar a angústia da minha alma. Pela primeira vez em meses, senti minha ansiedade e preocupação sendo levadas. Queria morar naquela sensação de total entrega e preenchimento.

"Vai pegar uma gripe, menina!", o grito do porteiro ressoa, me trazendo de volta à realidade. *Como pude ser tão inconsequente?*, penso, enquanto corro para dentro do prédio.

Três dias depois eu fui promovida à mãe e, com meu primeiro bebê, nasceram o maior amor que já senti na vida e a maior culpa também. Eu, que sempre me esforcei tanto para ser a melhor possível em tudo que fizesse... não conseguia fazer aquele ser de cinquenta centímetros dormir! Muito menos parar de chorar. Ou então mamar o quanto ele precisava. Frustração e impotência competiam com a dor dos meus seios rachados. Não era isso que eu esperava. As coisas não estavam como eu havia idealizado.

Meu filho não veio com manual e não atingia as metas que eu colocava para ele e para mim mesma. Com uma performance questionável, eu não tinha nenhuma medalha de "boa mãe" à qual pudesse me apegar para encontrar meu valor. Não estava me sentindo admirável e não tinha ninguém que pudesse impressionar para tentar me sentir valiosa. Eu precisaria aprender a linguagem vulnerável e imperfeita do amor no lugar da linguagem controlável e previsível da admiração. Para amá-lo e me doar para ele, tinha que me despir de minhas armaduras, listas e metas.

Depender da aprovação para me sentir segura me fez perseguir o amor no caminho errado da admiração. Para ser aprovadas, basta que nos mostremos admiráveis. Mas, para que sejamos amadas, precisamos nos tornar vulneráveis, como bem diz a autora Brené Brown em seu livro *A coragem de ser imperfeito*. Para conquistar admiração, basta se esconder, controlar e só mostrar o que é aceitável. Mas amor não se conquista; amor se recebe de graça. Para ser verdadeiramente amada, é preciso se deixar ser vista por completo. É muito menos arriscado tentar ser admirada do que se permitir ser amada.

A admiração nos dá uma ilusão de segurança, mas o que carregamos de fato é uma armadura sobre as nossas imperfeições, para nos proteger de sermos vistas por inteiro, com todas as nossas luzes e sombras. Essa armadura nos isola, sufoca e impede de viver a vida de verdade e experimentar o amor.

O caminho da admiração tenta esconder o medo, a vergonha e a culpa por trás da armadura, fingindo que eles não existem. Mas, quando tentamos negar as partes ruins da vida, estamos na verdade escolhendo não entrar na vida. Queremos permanecer à distância e, com medo de sermos machucadas, acabamos não vivendo.

Quando acreditamos na mentira de que nosso valor depende da aprovação dos outros e caímos na armadilha de buscar amor no caminho da admiração, passamos a vida olhando para fora em busca de aplausos e olhando para dentro para nos medir, julgar, comparar e punir. Para tentar evitar que vejam nossos erros e falhas, nos tornamos juízes de nós mesmas e nossas piores carrascas; criamos personagens para interpretar e armaduras para nos proteger. Antes que alguém nos rejeite, nós mesmas nos rejeitamos. Antes que alguém nos humilhe, nós mesmas nos humilhamos. Antes que alguém nos abandone, nós mesmas nos abandonamos. No caminho da admiração, não existe espaço para a compaixão – nem consigo mesma e nem com o outro; só julgamento, condenação e punição.

Ter acreditado na mentira de que admiração seria um bom "atalho" para o amor e a aceitação que minha alma tanto desejava fez com que eu vivesse presa em um labirinto. Cada curva acabava em um beco sem saída, me fazendo acreditar que nunca seria boa o suficiente para ser amada de verdade e nunca estaria fazendo o suficiente para ser aceita. Eu precisava sempre me esforçar mais e melhor. Mas nunca chegava lá. No caminho da busca pela admiração, há sempre peso, pressa e pressão. E se eu deixar escapar algo que não poderia ser visto? E se eu errar e decepcionar? Eu não posso simplesmente relaxar, porque, se admiração é algo que eu conquisto, então eu também posso perdê-la. E, se eu a perder, também estou perdendo o amor que eu tanto lutei para ter.

O caminho da admiração me custou a solidão que sentia toda vez que queria compartilhar uma dificuldade com alguém, mas tinha vergonha. Isso me custou a raiva que sentia de mim mesma toda vez que falava algo que achava que não deveria ter falado. Me custou a cobrança que colocava sobre mim toda vez que olhava ao redor e me comparava com pessoas aparentemente mais admiráveis que eu. Me custou as oportunidades perdidas por não compartilhar com as pessoas aquilo que eu produzia. Me custou a perda gradual da minha autenticidade, que ia ficando cada dia mais pasteurizada por conta do medo de me expor. Quando me tornei mãe, a necessidade de ser admirada me custou a perda da alegria nos primeiros anos de vida do meu filho.

Se no caminho da admiração há expectativas a serem cumpridas, no caminho do amor há liberdade. Nele nos libertamos das nossas personagens e das armaduras que nos protegem das pessoas. Só que, assim como nós, as pessoas também estão livres para nos acolher, aceitar e amar, ou para nos rejeitar, abandonar e humilhar. Escolher o caminho do amor é fazer-se vulnerável e correr o risco de ter seu coração partido, parafraseando C. S. Lewis.

Ainda mais depois do Éden, vivendo em um mundo ferido e convivendo com pessoas feridas, esse risco de abrir as armaduras é maior ainda. O meu medo de andar pelo caminho do amor em vez do caminho da admiração vinha do pavor de viver exposta para a vida com toda a sua imperfeição e todos os sentimentos que teria que conviver sem carregar minha armadura. Se você quer viver se sentindo fora de perigo, não arrisque entrar no caminho do amor. Quando tiramos nossas armaduras para poder amar e ser amadas... aí estamos abrindo mão também da sensação de segurança que a armadura dá. Estamos também acolhendo medo, vergonha e culpa como parte inerente da experiência humana depois do Éden. Não mais tentamos nos esconder desses sentimentos ou fingir que eles não existem. Não mais tentamos impressionar e conquistar aprovação para nos sentir seguras por detrás das nossas armaduras impenetráveis.

Amar é tornar-se vulnerável e abrir-se para a vida real, que é incontrolável e imprevisível. Para trilhar o caminho do amor, precisamos de outro lugar para encontrar nosso valor, que não na necessidade de ser admiradas por tudo que conseguimos "realizar". O caminho do amor não funciona à base de metas. Amar é, de alguma forma, abrir mão da eficiência para "perder seu tempo" com alguém e por alguém. Amar é aprender a dançar no improviso, abrindo mão dos seus direitos e privilégios pelo outro, crendo que ele fará o mesmo por você. No amor não há espaço para o desempenho. No amor não há espaço para competição. No amor não há espaço para padrões idealizados. Amar é aprender a perder. Perder tempo, razão, dinheiro, prestígio, compostura. Mas tudo isso em prol de alguém. E, no perder-se no amor, ver a vida se encher de sentido e significado.

É impossível amar de verdade por meio de armaduras, com cronogramas, metas e prazos. Nada na vida de competição, idealização e produtividade nos ensina a amar de verdade. De fato, se há algo que esse tipo de vida nos ensina é tentar fazer um nome para nós mesmas, encontrando formas de projetar uma imagem impecável, além de lutar pelo que desejamos e queremos. Mas nos doar e nos derramar para outras pessoas sem esperar nada em troca? Isso não tem espaço em uma vida preocupada em medir, comparar, competir e produzir.

Fomos criadas para encontrar nosso valor Nele

O Deus Criador projetou cada detalhe do seu admirável mundo e colocou tudo em seu devido lugar para operar em harmonia. Nesse tempo só havia beleza, troca, alegria, amor, igualdade, justiça, paz, providência. Agora, tinha algo em meio a tudo que fora criado e que não era só bom, mas "muito bom". Uma criatura, em especial, foi projetada para refletir da maneira mais singular e similar a inteligência, criatividade, perfeição e afetividade do Criador. Essa criatura era o ser humano nas suas formas masculina e feminina.

Nós fomos criadas para receber nosso valor do nosso relacionamento com nosso Criador e Pai. Não havíamos realizado nada ainda quando nosso Criador olhou para nós e, admirado, expressou: "Isso é muito bom!". O maior valor que poderíamos ter vem da admiração do Criador ao nos criar à sua imagem e semelhança e nos dar uma função especial na sua criação. Ele olhou para nós, seres humanos, e disse que éramos a mais admirável das coisas criadas.

Antes dos primeiros seres humanos se rebelarem, nós não precisávamos nos esconder uns dos outros e tentar projetar imagens idealizadas de nós mesmas para nos sentir valorizadas. Vivíamos livres, despidas de armaduras e ainda assim sem um pingo de vergonha. Nosso senso de valor e dignidade estava cheio até a borda com o amor e a admiração Daquele que nos criou.

Porém, agora que estamos fora do Éden, as coisas não são mais como antes. Com a desconfiança da bondade do Criador, passamos também a desconfiar se Ele realmente nos achava valiosas e dignas de ser amadas. Passamos a achar que o nosso valor precisava ser provado e conquistado a partir de algo que fizéssemos.

Mas Deus provou o valor que ainda temos para Ele, mesmo sendo pecadoras incapazes de fazer algo que o agrade, quando Jesus entrou na história para nos resgatar de uma vida de tentar provar e conquistar nosso valor. Nós não fizemos nada por merecer essa segunda chance, mas somos valiosas e dignas de ser amadas a esse ponto.

Nosso pecado não tira o valor que temos para Deus. Jesus veio para restaurar nossa dignidade e valor como filhas amadas Dele, e não mais como criaturas rebeladas contra seu Criador. Ele veio para que pudéssemos ter novamente um relacionamento de amor com o Pai e vivêssemos com base no valor que Ele nos dá pelo seu amor.

Ele, sendo Amor, sabia que só por meio da vulnerabilidade é que se pode amar e ser amado de verdade. Quando andou entre nós, Ele não se eximiu de sentir dor, mas experimentou a realidade da nossa condição fora do jardim do Éden como ela de fato é: dura. Podia ter vindo de diversas maneiras, mas escolheu vir como um bebê indefeso, nu e vulnerável, precisando ser cuidado por uma adolescente. Assim Ele nos mostra que o caminho do amor, enquanto estamos neste mundo corrompido depois do Éden, não é um caminho que se isenta da dor, mas que a encara de frente.

Para quebrar a maldição que impedia que Criador e criaturas se relacionassem, Jesus encarou a morte nos olhos e passou por toda dor que ela o traria. Ele poderia ter fugido, mas sabia que o caminho do amor se dá por meio do sofrimento, não tentando fugir dele.

Depois de ter vencido a morte, o filho de Deus voltou para o lugar da perfeição ao lado do seu Pai. Mas, antes de ir, prometeu aos seus seguidores que um dia voltaria, trazendo com Ele a perfeição da dimensão celestial para restaurar toda a criação terrena. Enquanto Ele não voltasse, deu ao seus seguidores a missão de contar a boa notícia a todo mundo que ainda vive nessa realidade dura e corrompida pelo pecado: o próprio filho do Criador já veio a nós, quebrou a maldição que nos mantinha escravos do vírus mortal do pecado, hoje reina à direita do Pai e um dia voltará para acabar com toda a corrupção do pecado de uma vez por todas, fazendo novas todas as coisas. Toda a dor terá fim quando Ele voltar.

Em sua oração final pelos seus seguidores que ainda ficariam nesta realidade dura e corrompida, Ele não pediu que o Pai os tirasse da dureza da vida, mas que os guardasse em seu amor. Jesus pediu que, mesmo em meio a toda dor e sofrimento que seus seguidores teriam que passar no caminho do amor neste mundo corrompido, o seu senso de valor estivesse guardado no amor Dele, e não na dor que estivessem sofrendo.

Jesus disse aos seus seguidores que Ele havia vindo para lhes dar uma paz que o mundo não poderia dar e uma vida plena e abundante que fluiria pela eternidade. Mas, enquanto Ele não voltar para fazer novas todas as coisas, essa paz que Ele prometeu não é uma garantia de viver sem dor, mas a profunda convicção do amor e sustento Dele em meio ao sofrimento.

Ele prometeu aos seus seguidores que o caminhar deles *aqui-e-agora* entre sua primeira vinda e seu retorno não seria sem aflições. Mas não era preciso se desesperar, porque Ele havia vencido cada uma das aflições pelas quais passariam. Jesus voltou ao Céu e prometeu retornar, mas nesse meio-tempo Ele não nos deixou sozinhos: enviou seu Espírito para fazer morada no coração dos seus seguidores. O Espírito os relembraria do amor do Pai, da vitória de Jesus e do Seu poder para suportar toda dureza da vida fora do Éden, assim como Ele suportou quando andou entre nós. O Espírito mantém a nossa esperança no seu devido lugar: quando Jesus voltar para restaurar, de uma vez por todas, todas as coisas. Enquanto isso não acontece, a vida *aqui-e-agora* não é uma vida de satisfação plena, mas de esperança, fé e coragem de viver pelo amor, mesmo em meio a dias maus.

Viver acreditando que neste mundo corrompido pós-Éden seremos capazes de criar e manter uma vida ideal, em que nada se quebra ou sai do lugar, é uma ilusão. Enquanto Jesus não voltar, o que temos que esperar da vida *aqui-e-agora* é caos, dor e dureza. Sempre haverá alguma peça fora do lugar enquanto estivermos nesta realidade ainda corrompida pelo pecado. Sempre haverá o sentimento de medo, vergonha e culpa rondando nossos corações e mentes.

Esse desejo que temos pelo ideal é, na realidade, a saudade que temos desse tempo em que tudo estava em seu devido lugar. Enquanto vivermos na ilusão de tentar recriar o Céu com nossas próprias mãos *aqui-e-agora*, estamos nos esquecendo de que o Céu virá com Ele e de que nossa missão enquanto isso é amar de forma sacrificial como Ele amou. O caminho do amor, enquanto Jesus não retorna, é bagunçado, vulnerável, imprevisível e dolorido.

Para viver livres, leves e fortes, precisamos encarar a vida real com toda a sua imperfeição. Quando entramos na realidade e nos deparamos com toda a sua dureza, a única saída para não nos desesperar é manter nossos olhos fixos Naquele que está diante de nós. Aquele que venceu as aflições da vida real nesse mundo corrompido pelo pecado. Aquele que é perfeito e um dia voltará para fazer a vida ser perfeita de novo. Precisamos escolher depender Dele para lidar com a dureza da vida e colocar nossa esperança no lugar que nunca nos falhará: o dia em que Ele voltar para fazer novas todas as coisas.

O caminho que o filho de Deus abriu de volta para a vida livre, leve e forte não é um caminho sem dor e sofrimento, em que tudo será sempre um mar de rosas (muito pelo contrário!). Mas é um caminho cheio de esperança, porque não há dor pela qual Ele não tenha passado e vencido. É um caminho de força em meio à nossa fraqueza, porque Ele vive em nós. É um caminho de paz e alegria em meio a dias maus, por causa da certeza de que não há dor e sofrimento que não terá fim quando Ele voltar. Jesus não nos promete uma vida sem sofrimento *aqui-e-agora*, mas vida apesar e em meio ao sofrimento. Com Ele, a vida é leve, mas continua sendo dura enquanto estivermos neste mundo corrompido depois do Éden.

Encontrando graça em meio à imperfeição

Quando vivemos tentando projetar uma imagem ideal de nós mesmas e esperando a concretização do ideal nas circunstâncias ao nosso redor, nos cegamos para a verdadeira aventura que é o próprio caminhar, com todos os desafios, delícias e imperfeições acompanhados Daquele que venceu.

Quando vivemos buscando sempre um ideal e acreditando que só podemos nos achegar ao Pai quando tudo estiver perfeito, perdemos a oportunidade de experimentar a liberdade, leveza e força de caminhar com Ele, que venceu todo o mal, suportou toda a dor e nos enche de esperança de vencermos também.

Quando ficamos buscando o ideal, vemos a vida com as lentes distorcidas da ingratidão. Tudo se torna falho, a ansiedade se instala no coração e perdemos a capacidade de nos deleitar com tudo de bom que já recebemos hoje, mesmo em meio a tantas coisas que ainda não são tão boas. Deixamos de achar graça na vida, mesmo em meio à sua imperfeição.

Enquanto a perfeição de Jesus não chega para colocar tudo novamente no lugar, Ele nos convida a aceitar a dor como parte inerente do caminho do amor e encarar a vida fora do jardim do Éden como ela realmente é: dura e difícil – mas, ainda assim, conseguir enxergar motivos para se alegrar e agradecer por toda graça que é derramada por Ele nesse caminhar.

O fato de a vida do lado de cá da eternidade ser dura não significa que ela também não possa ser boa. Encarar a imperfeição da vida não precisa ser sinônimo de perder a esperança. Em Jesus, podemos compreender que a vida pode ser dura e boa ao mesmo tempo; que tristeza pode conviver com alegria; que paz pode conviver com sofrimento. Tudo isso porque Ele veio, venceu, vive e um dia voltará.

O caminho com Jesus nos convida a quebrar as idealizações que criamos e a pararmos de esperar encontrar perfeição *aqui-e-agora* antes que Ele volte. Ao aceitar a realidade como ela é, podemos apreciar tudo de bom que Ele nos dá de graça, mesmo num mundo imperfeito. Porque Ele vive, reina e um dia voltará, podemos colocar nossas expectativas de perfeição onde devem estar, na nossa volta, e viver o *aqui-e-agora* conscientes da nossa inevitável imperfeição, dispostos a entregar nossas vidas pelos outros, como Ele entregou.

Quando ganhamos consciência da dureza da vida à luz da maravilhosa esperança de Jesus, podemos escolher focar nossa atenção não naquilo que nos falta, mas nas gotas de graça derramadas no caminho árduo. Podemos viver o presente, seja ele qual for, como um presente que o Criador nos deu. E podemos também, generosamente, derramar nossa vida *aqui-e-agora* como presente para outros, sabendo que teremos toda a eternidade para nos satisfazer. Do lado de cá da volta de Jesus, a vida de verdade só pode ser vivida ao despirmos nossas armaduras, negarmos nossa vontade de nos satisfazer com imitações baratas de amor e nos derramarmos em amor, como Ele nos ensinou.

Não adianta viver esperando por uma vida ideal *aqui-e-agora*, em que tudo sempre vai bem, frustrando-se quando algo sai do lugar. Do lado de cá da eternidade, é preciso aprender a encarar a realidade, com toda a sua imperfeição, mas também a amar toda a graça que encontramos no caminho e que nos aponta para a realidade eterna e restaurada de quando Jesus retornar.

A vida é complexa, dura e imperfeita fora do Éden. Viver desejando estar em outra vida ideal é deixar de viver. Viver sem sentir a parte ruim da vida acaba nos impedindo também de sentir a parte boa. Quem tenta se proteger de dor e sofrimento acaba por não experimentar a graça de amar. Precisamos aceitar a realidade do lado de cá da eternidade pelo que ela é: dura, mas também boa, graças a Deus, mantendo nossa esperança pela perfeição no seu devido lugar: em Jesus.

Entrando de cara na realidade e correndo o risco de amar

Eu sei que você, assim como eu, quer se sentir completamente amada, reconhecida, valorizada e protegida. Eu sei que você quer ser a melhor esposa, filha, amiga, profissional e mãe do mundo. Mas quem você é não é definido por quem está com você, a filha de quem você é, o emprego no qual você passa o dia todo, quão limpos são os batentes das portas da sua casa, quão magro o seu corpo é, quão hidratada está a sua pele, quão moderno é o seu corte de cabelo, quão na moda são suas roupas. Quem você é não é definido pelos aplausos que você recebe ou deixa de receber ao longo dos seus dias. Quem você é não é definido pelo que você sabe fazer ou não.

Você foi maravilhosamente feita por um Criador que é puro amor e que, admirado ao te ver, diz que você é "muito boa". Você não pode ser definida por nada ou ninguém, além do que Ele tem a dizer a seu respeito. Por isso, não tente se encaixar em qualquer molde ou modelo que queiram lhe passar. Não olhe ao seu redor tentando ser alguém que não seja quem Ele te criou para ser. Não tente impressionar quem não precisa ser impressionado. Não tente explicar o que não precisa ser explicado. Nesse mundo corrompido depois do Éden, você é essa bagunça toda: dias de luz, dias de sombra. Mas em todos eles você continua profundamente amada e valiosa.

Você foi feita para amar e ser amada por Ele. Ele te criou para o amor; a ilusão da admiração só vai te levar a se frustrar (vai por mim!). Pare de achar que Ele é um Deus bravo esperando para te punir. Pare de achar que você precisa impressioná-lo para se relacionar com Ele e ser amada por Ele. É verdade que Ele estava, de fato, bravo, e você merecia punição mesmo... Mas Jesus já tomou a punição sobre si para que você só recebesse graça sobre graça.

Pare de acreditar que você não tem valor e não é digna de ser amada. É verdade, de fato, que você não pode fazer nada para merecer o amor Dele... Mas Jesus já fez tudo para te provar que você tem valor e não precisa fazer nada para merecer o amor Dele. Você não precisa provar o seu valor, porque por você Ele já morreu por amor.

Quebre as suas idealizações e entre na imperfeição da realidade, com fé e esperança no amor que nunca lhe faltará. Somente na realidade você pode realmente viver, ser amada e amar. É mais arriscado encarar a realidade do que viver no mundo da idealização? Com certeza! Mas é o único jeito de viver de verdade.

Dê um passo de fé e confie que Ele é bom, sabe o caminho e quer o nosso bem. No caminho do amor, com a pele ardendo sob a luz Dele, nossas falhas vão ficar mais evidentes, mas elas não nos separam do seu amor. Nada é capaz de nos separar do amor do Criador expresso por nós quando estamos com seu filho amado fazendo morada em nós. Você não precisa ser ideal, porque Jesus é. E a perfeição Dele já é suficiente para você. Com Ele, você pode encarar a dureza da vida do lado de cá da eternidade e, ainda assim, saber que você está segura, aceita e amada. Quebre suas idealizações, encare a realidade através da luz Dele e veja que, mesmo em meio a toda imperfeição, há uma esperança que nunca lhe falhará.

ABRA MÃO DAS MÁGOAS

Quem me conhece hoje em dia mal pode acreditar que fui uma atleta na minha adolescência. Eu jogava vôlei (mesmo com os meus míseros 1,65 m de altura. Pensando bem, deve ser por isso mesmo que minha grande e promissora carreira de atleta terminou logo depois do colegial!). Nessa minha breve jornada de atleta, aprendi muitas lições que carrego para o resto da vida. Como lidar com a derrota certamente foi a principal delas (digamos que eu não jogava em um dos melhores times da cidade).

Houve um jogo em especial que eu queria muito vencer; ele estava empatado. Era a final do campeonato, e eu era a capitã do time. Tinha acabado de arriscar uma largada de segunda (quando a levantadora joga a bola para o lado adversário em vez de levantar para a atacante), mas fui bloqueada pelo time adversário. Fiquei paralisada de medo enquanto via a bola cair logo na minha frente.

Diante de situações de pressão, minha armadura me ensinou a confiar tão somente em mim mesma e nunca depender de outras pessoas. Por isso havia optado por jogar a bola para o outro lado da quadra, em vez de levantá-la para uma das minhas companheiras de time atacar. Para quem olha de fora, essa poderia parecer uma atitude heroica, mas eu sei que era de covardia. Entregar o seu melhor para o outro e confiar que ele fará algo ainda melhor com isso não é só um ato de generosidade, mas também de coragem. Fechar-se em si mesmo e tentar resolver tudo sozinho não é sinal de coragem, mas de medo.

O treinador pediu um tempo no jogo e, para o meu desespero, ele queria falar sozinho comigo. Enquanto o resto do time bebia água e esfriava a cabeça, ele me puxou para o canto da quadra e sussurrou agressivamente no meu ouvido: "Sua filhinha de pastor! Entra nesse jogo e levanta a bola pra atacante!".

Quem não cresceu como filha de pastor não saberia medir o peso dessas palavras. Meu treinador sabia minha área mais sensível e usou as palavras exatas para cutucá-la. Talvez se tivesse me chamado de "filha" de qualquer outra coisa não me doesse tanto.

O pastor, meu pai, estava sentado na arquibancada a poucos metros daquele canto de quadra. Ele era a opinião que mais importava para mim no alto dos meus 14 anos. Poucos eram os jogos que ele conseguia acompanhar, por serem aos sábados e domingos, dia de pastor trabalhar na igreja. Mas aquele era na sexta à noite e era a final do campeonato. Ele era o principal aplauso que eu queria naquela noite, e era justamente a possibilidade de não receber aquele aplauso que me paralisava e fazia querer jogar seguro, sem arriscar. Eu queria ser perfeita para ele.

Lembro bem da sensação de, ainda pequena, sentar no colo do meu pai, encostar a cabeça no seu peito, ouvir as batidas do seu coração e tentar sincronizar minha respiração com a dele. Estar no seu colo me trazia paz e segurança. Toda menina quer ser profundamente apreciada pelo pai. Nós nos vestimos para que ele nos pegue no colo e nos chame de "minha princesa linda". Fazemos nossos melhores desenhos para que ele nos diga como somos habilidosas e capazes não só de ser belas, mas de também criar beleza. Papais foram criados para ser as fortalezas das suas filhinhas, dando-lhes tanto a segurança interna quanto externa de que elas são vistas e que são apreciadas pelo que se vê.

Mas pais humanos nem sempre vão estar por perto para nos dar colo. Algumas vezes a sua força pode se transformar em dureza e quebrar o coração de menininhas. Às vezes, não por querer, pais humanos deixam feridas e marcas de insegurança na alma de suas filhas. A boa notícia é que, independentemente de o seu pai humano ter sido fortaleza e segurança para você, você tem um Criador que deseja te adotar como Pai e ser seu refúgio e fortaleza. Ele olha para você e te vê como a menina dos Seus olhos. Ele te acha linda e capaz de gerar beleza!

Naquela quadra, o medo de falhar e fracassar na frente do meu pai estava me levando a jogar seguro. Não estava arriscando ir além do que eu já sabia fazer. Queria que o jogo estivesse no meu controle. Queria ter a certeza, milimetricamente calculada, de que eu iria receber os aplausos que meu coração tanto almejava. Eu ainda achava, de maneira equivocada, que qualquer aplauso que meu pai pudesse me dar mudaria o amor dele por mim. O meu medo de falhar na frente do meu pai me impedia de aproveitar aquele momento tão especial. Era um dos poucos jogos que o pastor, meu pai, estava lá para assistir. Quer eu jogasse bem ou mal, o abraço e o amor dele no final do jogo seriam certos. Eu não precisava tentar impressioná-lo.

Escolha não ressentir suas mágoas

Meu pai, como pastor, sempre foi muito exigente e comprometido com a verdade, seu trabalho e suas responsabilidades. Ele é um dos homens mais competentes e tementes ao Criador que eu já conheci. Sua excelência em tudo o que se propõe a fazer me faz admirá-lo até hoje. Minha mãe sempre foi a boa companheira do meu pai. Alegre, sorridente e acolhedora, mas sempre escolhendo permanecer ao lado das posições que meu pai assumia. Assim, acabou desenvolvendo também uma predisposição a ser exigente. Em parte, meu medo de falhar na frente deles vinha dessa vontade de estar à altura da sua excelência e expectativas. Não queria decepcioná-los.

Lembro-me de sempre ouvi-los dizer: "Preferimos pecar pelo não do que pelo sim," quando os questionava do porquê de eu não poder fazer o que todo mundo estava fazendo. Independentemente da frustração que sentia e demonstrava na hora para eles, eu sabia que os seus "nãos" eram demonstrações de amor e do valor que eu tinha para eles. Eu era a sua princesa preciosa, que eles tinham a responsabilidade de proteger e conduzir por um bom caminho. Não tenho dúvida de que seu zelo me direcionou e protegeu ao longo da vida, e de que vinha de uma vontade genuína de tanto me dar o melhor quanto me proteger do pior. Eu sei que meus pais estavam profundamente comprometidos em criar seres humanos corretos, íntegros, de caráter e fé inabaláveis. Sei que eles deram o melhor que podiam.

Mas todo esse zelo fez com que eu crescesse em um ambiente pouco propenso à vulnerabilidade e com pouco espaço para erro e diálogo. Não havia muita abertura para questionar e construir um pensamento em comum. Nunca nos foi dito isso abertamente, mas o combinado inconsciente da nossa casa era: *Seja sempre o melhor que você pode ser e não questione o que nós, seus pais, dizemos.* Esse foi o ingrediente potencializador da minha busca por amor por meio da aprovação e admiração. Eu precisava sempre impressionar, ser a melhor... Nunca errar. Todo esse zelo fez com que eu também desenvolvesse uma exigência muito grande para comigo mesma.

Passei minha vida toda tentando atingir os padrões que acreditava que eles tinham a meu respeito e me martirizando por falhar tão frequentemente. Não sentia liberdade para mostrar meu coração para eles, e sofria por isso. Eu sentia medo de discordar deles em alguns momentos, mesmo que desejasse poder ouvir uma explicação melhor do porquê estarem me direcionando daquela maneira. Não foram poucas as vezes em que queria poder dizer o que estava verdadeiramente sentindo para meus pais, mas me calei e fui chorar, sentindo-me sozinha, no meu quarto.

Todos esses sentimentos não vividos borbulhavam dentro de mim como uma panela de pressão no fogo por tempo demais. Eu sentia medo de decepcioná-los caso arriscasse falar ou fazer algo que fosse menos do que eles esperavam que eu fosse. Mal sabia que essas métricas que usava para me medir estavam todas na minha própria cabeça, e não necessariamente correspondiam à realidade do que eles sentiam e esperavam de mim.

O medo, a vergonha, a culpa e a desconfiança me fizeram escolher viver uma adolescência obediente, sem grandes atos de rebeldia... mas distante, fria e retraída. A vida segura que eu vivia não era uma mentira; ela só era pequena para o tanto de intimidade que eu poderia viver se eu tivesse a coragem de dar uma chance para o amor, em vez de pressupor que não teria nenhuma chance de ser amada se eu mostrasse o que estava sentindo. Eu tentava me convencer de que não tinha problema eles não me conhecerem de verdade, contanto que eu estivesse projetando para eles a imagem que eu achava que seria a suficiente para não os decepcionar.

Não demorou muito para que nascessem em mim outros sentimentos que aprofundaram ainda mais o meu isolamento e a minha angústia. Depois de algum tempo, passei a sentir ressentimento e raiva dos meus pais. A falta de possibilidade de dialogar e o sentimento de nunca conseguir ser o suficiente abriram feridas no meu coração de menina. Fizeram-me acreditar que a minha voz não era digna de ser ouvida e que, se eu falhasse, era melhor que tentasse me consertar sozinha antes que alguém visse. Fui colecionando rancor. Mal sabia eu que, enquanto os culpava, estava envenenando a mim mesma em minhas mágoas e ressentimentos.

Todas nós fomos feridas de alguma maneira, e essas feridas potencializaram nossos sentimentos inerentes de medo, vergonha e culpa. Essas feridas e sentimentos nos fizeram esconder, isolar e proteger a nós mesmas. Só que, no isolamento, nós só damos ouvidos às vozes internas exigentes corrompidas pela nossa condição humana. Essas vozes não são fontes confiáveis. O isolamento abre um campo para que o inimigo do Criador semeie e regue mentiras na nossa mente sobre quem nós somos, sobre os outros e sobre Deus. Quando unimos isolamento e ressentimento, aí o campo se torna ainda mais fértil, para que as mentiras se alastrem como ervas daninhas.

Mesmo sendo as pessoas que mais nos amaram na vida, nossos pais nos machucam sem intenção. Por melhores que tenham buscado ser, nossos pais são humanos e certamente falharam. Essas falhas reforçaram em nós os sentimentos inerentes a todo ser humano: de que não somos o suficiente, não fazemos o suficiente, não temos o suficiente e as pessoas não são tão confiáveis quanto desejaríamos que fossem. Você pode não ter sido ferida por seus pais, mas certamente foi por irmãos, por amigas, por namorados... Nenhuma de nós passa ilesa de ferimentos por essa vida. Não podemos evitar que alguém faça algo para nos ferir, mas podemos escolher como vamos reagir àquilo que nos fizeram.

Entre aquilo que aconteceu com a gente e a nossa reação está nosso poder de escolha. No caminho de Jesus encontramos aceitação e amor que nos convidam a sair da posição de criança ferida guardando mágoa e a assumir a responsabilidade de buscar a reconciliação pelo perdão. Jesus não precisou ouvir um pedido de perdão para liberar perdão para nós. Não há dívida que alguém possa ter conosco que não possa ser perdoada, uma vez que nós mesmas não éramos merecedoras, mas fomos perdoadas por Ele. À medida que nos apropriamos do perdão de Jesus para nós mesmas, podemos derramar esse perdão para aqueles que nos ofenderam e que estavam em dívida com a gente.

O nosso processo de cura e restauração no caminho de Jesus é de transbordar amor e reconciliação para aqueles que não são merecedores do nosso amor e perdão. Ele mesmo nos disse, em um dos seus mais famosos sermões que, no Reino Dele, felizes mesmo são os que se amansam e buscam a paz. Geralmente pensamos nisso com relação a situações de guerra e violência externos, mas Ele está nos chamando a nem mesmo cultivar raiva e ressentimentos internos contra ninguém.

Às vezes seremos feridas pelos nossos inimigos, mas tantas outras aqueles que nos causam as maiores feridas serão aqueles que mais nos amam. Em todos os casos, Ele nos chama a não cultivar a raiva e a liberar perdão. Podemos escolher perdoar, mesmo nunca tendo escutado um pedido de perdão. Ainda sentindo a dor da ferida que nos foi causada, podemos liberar paz para aqueles que nos feriram ao invés de criarmos guerra contra eles dentro dos nossos corações.

Como seres humanos percorrendo o caminho do filho amado do Deus Criador e conduzidos por Ele para a vida de verdade, temos a oportunidade de escolher o papel que vamos assumir: crianças feridas e ressentidas, que permitem que a mágoa defina suas vidas, agindo impulsionadas pela raiva, ou pessoas que estão amadurecendo e sendo curadas por Jesus, que admitem que já tiveram sua própria culpa perdoada e escolheram, então, liberar perdão para aqueles que lhes devem, agindo impulsionadas pela compaixão do próprio Jesus.

Isso não significa passar por cima dos seus sentimentos, mas escolher não ser guiado por eles, e sim pelos sentimentos de Jesus. Nós temos a escolha de nos deixar ser guiadas pelos nossos próprios pensamentos e sentimentos ou pela voz do nosso Criador e seu filho amado. Se eu sei que tem algo quebrado comigo, então meus sentimentos e pensamentos não são guias confiáveis para me dizerem como reagir, não é mesmo?

Eu não preciso ser conduzida mais pelo que eu sinto ou penso a respeito de algo ou alguém. Podemos sentir todos os sentimentos sabendo que eles não são guias confiáveis para conduzir nossas vidas. Levamos todos eles aos pés do filho amado do Criador que habita em nós, para que Ele jogue luz e nos ajude a discernir o que é verdade e o que não é. Escolher perdoar não é deixar de sentir mágoa, mas escolher não se apegar mais a ela e não ser conduzida por ela.

Perdão não é esquecer que aconteceu. Não é mudar o seu sentimento a respeito do que aconteceu. Perdoar é entregar o outro a Deus e confiar que Ele, o justo juiz, está no controle e vai saber o que fazer com essa pessoa, melhor do que você. Perdoar é abrir mão de querer que o outro pague pelo que fez. É sair da posição de se segurar à dívida que o outro tem com você. Perdoar é admitir que a culpa do outro é impagável, mas que você não vai ser mais a pessoa que vai cobrar que ela seja paga.

Quando perdoamos, achamos que estamos liberando o outro da punição que ele merece pelo que nos fez, mas na verdade estamos liberando a nós mesmas de carregar mágoa, rancor, raiva, ressentimento e vontade de ver o outro ser punido. Quando perdoamos, estamos admitindo que nós mesmas tínhamos uma dívida impagável com o Criador, que foi perdoada. Quando vivemos por meio de Jesus, podemos escolher olhar com compaixão para aqueles que nos feriram e até mesmo perceber que dentro deles também existe alguém que foi ferido um dia.

Quando entendemos que não somos o que fizeram de nós, podemos deixar os ressentimentos irem embora e abrir espaço para novas experiências. Isso não significa que aqueles sentimentos ruins nunca mais voltarão. Mas, quando eles voltarem, você poderá escolher, novamente, deixá-los ir e escolher não os sentir novamente. Isso é liberdade e leveza para viver.

Sendo embaixadoras da reconciliação por causa do perdão que recebemos

Demorei alguns anos e muitas lágrimas para decidir entre continuar a alimentar a raiva, o ressentimento e o isolamento ou assumir a responsabilidade e as consequências de tentar me mover na direção dos meus pais, liberando perdão e tentando me reconciliar com eles.

A minha busca pela reconciliação com meus pais só se deu depois que meus filhos nasceram e percebi o quanto, por mais que eu tentasse muito, não conseguia ser a mãe perfeita que eu queria ser para eles. Depois que me tornei responsável pela vida de outra pessoa, pude olhar com mais compaixão para aqueles que foram responsáveis pela minha vida durante meus primeiros anos. Eles não foram perfeitos, como eu não sou. Eles estavam tentando acertar ao máximo, como eu estou. Eles me amavam profundamente, como eu amo meus filhos. Eles deram o seu melhor, como estou tentando dar. Mas nossos filhos são mais do que a somatória de todos os nossos esforços. Meus pais estavam se esforçando para demonstrar seu amor verdadeiro, mesmo que de forma imperfeita. Eu esperei deles amor, aceitação e aprovação aos quais eles não poderiam corresponder. Só o meu Criador realmente poderia me dar esse amor e essa aceitação que o meu coração tão profundamente desejava.

Em determinado momento, enquanto estivermos neste mundo corrompido depois do Éden, vamos nos deparar com o fato de que nossos pais foram imperfeitos. Pais podem esforçar-se para ser amáveis e atenciosos tanto quanto possível, e ainda assim filhos vão interpretá-los mal e achar falta em algo. Isso pode nos levar à mágoa, ao ressentimento e aos relacionamentos rompidos, ou aos braços do verdadeiro Pai perfeito que nunca vai errar, e a um relacionamento real com nossos pais, que deram o melhor de si, mas que ainda eram humanos.

Somente quando olhamos para nós mesmas e admitimos a nossa própria incapacidade de acertar é que podemos olhar para o outro com os mesmos olhos compassivos. Hoje, como mãe, sei que não teria nada que eu pudesse fazer ou deixar de fazer para que meus pais me amassem mais ou menos. Mesmo que seu pai e sua mãe tenham falhado inclusive em te amar, eles ainda foram o meio pelo qual Deus te trouxe ao mundo e te deu a vida. Eles te deram muito mais do que você "merecia". O perdão que eu liberei para os meus pais foi um processo longo e gradual que envolveu muitos pequenos passos ao longo de muitos longos anos. O primeiro pequeno passo foi admitir que eu sentia mágoa e raiva, me permitindo senti-las. Enquanto esses sentimentos permanecessem na sombra, nunca poderiam ser curados. É dolorido admitir e aceitar que eles existem, mas todos nós os temos...

Uma vez que eu trouxe esses sentimentos para a luz, precisei comunicá-los para os meus pais e dar a chance de eles saberem o que estava dentro do meu coração. Muitas vezes, guardamos ressentimentos e mágoas que as pessoas que nos feriram nem sabem que existem. Achamos que nossos comportamentos de punição e isolamento são o suficiente para comunicar a mágoa que sentimos, mas isso nem sempre é verdade.

A melhor forma de comunicar um sentimento e poder tê-lo curado é expressá-lo em palavras. Mas não precisamos expressá-lo em palavras com tom de acusação, condenação, julgamento e repreensão. Podemos comunicar assumindo a nossa parte: os sentimentos que foram gerados em nós a partir de determinada ação ou acontecimento. "Quando você fez isso, eu me senti de determinada maneira", podemos dizer. Assim, damos ao outro a oportunidade de ouvir o sentimento que as ações dele geraram em nós. Deixe que o outro tenha chance de esclarecer o lado dele: qual era sua verdadeira motivação ao fazer ou permitir que algo acontecesse? Sem pressupostos, sem julgamentos anteriores. Quando o outro não se sente condenado, há maior chance de ouvir o que você tem a dizer.

Para dar esse passo de comunicar aos meus pais, primeiro escrevi uma carta que nunca tive intenção de entregar, mas na qual coloquei para fora todos os sentimentos e pensamentos que estavam desordenados dentro de mim. Passei algum tempo escrevendo, reescrevendo e processando essa carta. Para processar essa carta, procurei apoio terapêutico com uma profissional que compartilhava da mesma visão de mundo que eu e que fosse um espaço seguro para eu compartilhar tal conteúdo. Ali, no consultório da minha terapeuta, consegui encontrar pela primeira vez na vida um espaço em que eu poderia confessar tudo aquilo que carregava e tentava esconder por tanto tempo.

Alguns de nós, que crescemos em ambientes religiosos, não admitimos a necessidade de processar emoções, pensamentos e acontecimentos diante de alguém disposto e capacitado a nos ouvir ativamente e nos fazer perguntas que nos ajudem a olhar a vida com outros olhos. Temos livre acesso a Deus, por meio do seu filho amado, Jesus, que agora habita em nós. Mas a nossa restauração se dá ao caminharmos juntos, e isso, na minha opinião, inclui adotar um processo terapêutico com alguém que esteja disposto e seja capaz de segurar a sua dor, auxiliando a desatar os nós da sua alma contigo.

Depois de alguns meses processando o conteúdo daquela carta, eu e meus pais tivemos uma conversa especialmente difícil um pouco antes de o meu segundo filho nascer. No quintal dos meus avós, abri o jogo para eles sobre como vivi minha infância e adolescência inteiras com medo, vergonha e culpa de não conseguir ser a filha que eu achava que eles desejavam que eu fosse. Minha avó, que vira e mexe passava por perto nessa conversa, em determinado momento pediu para interromper e dar uma palavra: "Fico tão triste que você tenha se sentindo assim, Luiza, porque eu acho que nunca vi uma criança que tenha sido tão amada e desejada como você foi". Essa fala da minha avó me fez abrir os olhos para perceber que a interpretação que eu tive do meu passado não era necessariamente confiável.

Desde que nós, seres humanos, nos desconectamos do nosso Criador e escolhemos tentar discernir por conta própria o que era bom e o que era ruim, não somente o nosso relacionamento com o Criador, com a criação e com outras criaturas ficou corrompido, mas nossa visão da realidade também se corrompeu. Enquanto ar entrar nos seus pulmões, você terá um problema, e esse problema tem um nome desagradável: pecado. Esse problema não é algo que você faz ou que você é... mas uma condição corrompida que te leva a ver a realidade de maneira distorcida, a errar o alvo que você foi criada para atingir e a escolher caminhos que não vão te levar para a vida livre, leve e forte que você foi criada para viver.

Nessa conversa eu pude descobrir que a maioria das expectativas que eu imaginava que meus pais tinham a meu respeito não passava de suposições e projeções irreais da minha cabeça. Eles nunca verbalizaram qualquer dessas cobranças que eu carregava por aí. Eu havia assumido esse pressuposto de que eles não me aceitariam como eu realmente era se eu me mostrasse para eles. Eu havia chegado a esses pressupostos a partir da minha interpretação míope de tudo o que havia acontecido na minha história. Se eu não tivesse escolhido comunicar como eu me sentia, dando a chance para eles verdadeiramente expressarem aquilo que os motivou a agir da forma que agiram, eu não teria tido a oportunidade de ressignificar meu passado à luz da verdade. Teria permanecido apegada a pressuposições que eu adotara cegamente como sendo a descrição fiel da verdade.

Aquela conversa foi regada a lágrimas e abraços. Pude ouvir um pedido de perdão da parte deles e dar-lhes meu perdão. Também pedi perdão por ter vivido tanto tempo escondida na minha armadura, e recebi perdão. Eu sei, pedir perdão pode ser tão difícil quanto concedê-lo. Mas o pedido de perdão começa com um gosto amargo e sempre termina como o mais doce de todos. Meus pais não me proporcionaram um ambiente propenso à intimidade e ao diálogo, mas eu também escolhi me isolar e me fechar. Essa foi uma escolha minha para me proteger e não me sentir vulnerável diante deles. Por mais que eles não tenham deixado o espaço aberto para o diálogo, eu tive parte no distanciamento que nós tivemos.

Como criaturas rebeladas que não tinham a menor chance e ainda assim foram perdoadas, nós somos chamadas a ser embaixadoras da reconciliação por causa do que Jesus fez por nós. No caminho Dele, bênção é não se segurar mais à mágoa e ao rancor, libertando tanto você quanto o outro para viver em paz.

Hoje em dia, eu e meus pais continuamos experimentando um relacionamento que não é perfeito, mas é livre e seguro. Posso contar com eles para lidar com as coisas mais profundas do meu coração, sem medo, vergonha e culpa – não porque eles foram pais perfeitos, mas porque hoje eu tenho um Pai perfeito e não preciso mais cobrar e culpar meus pais terrenos por não atingirem um padrão de perfeição que eu sei que não seriam capazes de atingir.

Vivendo com base no amor do Deus Criador, que é Pai de Jesus

O ser humano, em sua forma de filhote, demora quase vinte anos até ter todas as suas habilidades físicas e mentais formadas para a vida adulta. Durante esse tempo, esse filhote precisa estar sob a orientação e o cuidado de um ser humano adulto... Acho que esse relacionamento entre pai e filho, adulto e criança é uma linda metáfora que nos aponta para o relacionamento que o Criador sempre desejou ter com o ser humano ao longo de toda a sua vida: um relacionamento de confiança, liberdade e orientação de um Pai com seu filho.

Voltando para aquela quadra de vôlei, assim que meu treinador terminou de falar aquelas palavras no meu ouvido, voltei meus olhos para a arquibancada e lá estava o meu pai, me aplaudindo e incentivando, mesmo em meio a um jogo que estava sendo perdido. Hoje eu sei que seus aplausos não eram por conta da minha performance, mas por eu ser sua filha amada, de quem ele se orgulha, da qual ele cuida e a quem ele incentiva, mesmo em meio às suas imperfeições, falhas e limitações. Como pai imperfeito, ele me apontou para o meu Pai perfeito, o Pai de Jesus, que me criou como filha amada.

Somente quando enraizamos nossas vidas no amor Dele é que estamos livres para viver leves e fortes em meio aos desafios da vida, para liberar perdão àqueles que nos feriram e aceitar o perdão para as feridas que causamos nos outros. A vida neste mundo corrompido depois do Éden não é fácil. Pessoas nos machucam, circunstâncias fogem do esperado, mas, em meio a todo esse caos, há as mãos do amor. Ele não quer aplaudir nossa performance, mas nos abraçar como um pai amoroso ao final do jogo, seja qual for o resultado. Ele estende o seu perdão a nós, independentemente do que façamos, e nos convida a estender perdão também àqueles que nos feriram, independentemente do que tenham feito. Assim aprendemos a amar, ao trocar nossos sentimentos de vingança, raiva e ressentimento pelos sentimentos Dele de compaixão, misericórdia e graça.

Nesse caminho, enquanto estivermos neste mundo corrompido depois do Éden, certamente seremos feridas e feriremos. Mas não precisamos mais carregar o peso das mágoas e dos ressentimentos a respeito do que fizeram com a gente e a culpa do a respeito do que fizemos com os outros. No caminho de Jesus, podemos largar esse fardo pesado e deixar com Ele toda nossa vontade de justiça. Podemos trazer para sua luz todos os sentimentos e deixar que Ele os renove pela sua verdade.

Assim como Ele nos estendeu perdão e se reconciliou conosco, podemos liberar perdão para aqueles que nos ferem e pedir perdão para aqueles que ferimos. Estamos na vida para cair e levantar quantas vezes forem necessárias, até chegar ao destino final do caminho, sempre contando com as Suas mãos amorosas, compassivas e misericordiosas de Pai perfeito a nos sustentar, guiar e levantar.

Jesus abriu o caminho para a nossa reconciliação com o Pai e nos chama a abrir caminho para reconciliação com aqueles que nos feriram e a quem ferimos. No caminho Dele, livres, leves e fortes são os que amansam o coração, não cultivam mais rancor e buscam a paz.

Para seguir livres, precisamos abrir mão das mágoas e mentiras que carregamos até aqui e permanecer com as mãos abertas, estendidas ao céu em rendição, adoração e agradecimento ao Deus que nos resgatou, que está nos restaurando e um dia nos presenteará com toda a perfeição.

04

Mude seu olhar

(e passe a ver-se como plenamente amada)

*E*ra apresentação de um dos meus filhos no teatro da escola. Ele tinha ficado doente nos últimos dias de aula e não pôde participar de alguns ensaios da apresentação. Mesmo assim, estava muito animado por poder me mostrar o pouco que ele havia aprendido da coreografia.

Quando chegou a hora, as luzes se apagaram e o holofote focou as criancinhas de três anos fantasiadas em cima do palco. Todas começaram a fazer quase a mesma coisa, menos o meu filho. Ele rodopiava, corria e tentava, sem muito sucesso, imitar o amiguinho do lado... mas não perdeu o sorriso no rosto um minuto sequer.

Ao final, seus olhinhos brilhantes me procuraram na plateia e, assim que me viu, começou a pular de alegria abanando a mãozinha para mim. Eu, da plateia, não conseguia conter minhas lágrimas de emoção: "Esse é o meu filho!". *Meu filhinho que eu amo mais que tudo!*

Não há nada que meus filhos possam fazer ou deixar de fazer para que eu os ame mais do que eu já amo. Quando olho para eles, sei que não fizeram nada para merecer o meu amor e não há nada que eles possam fazer para que eu deixe de amá-los. Nem seus piores momentos de rebeldia conseguiriam fazer com que os esquecesse, rejeitasse ou abandonasse. Nem seus movimentos mais estabanados na tentativa de me impressionar fariam com que eu me agradasse mais do que eu já me agrado da vida deles.

Quando o Criador nos adotou como filhas por meio de Jesus, Ele passou a nos olhar assim também. Como um pai gracioso e amoroso, Ele vê nossos esforços estabanados e se agrada não só das nossas tentativas de agradá-lo, mas de quem nós somos. Não há nada que possamos fazer ou deixar de fazer para que Ele nos ame mais do que já ama. O amor e a aceitação de Deus, que nos são dados por meio do seu filho Jesus, não precisam ser conquistados e não podem ser perdidos.

Não há necessidade de impressionar o Criador com uma ótima performance para que Ele nos aceite. Não precisamos mudar e ser melhores para que Ele nos ame. Não precisamos conquistar a admiração Dele para que Ele nos aprove. Não há nada que precisemos fazer no palco da vida para receber o privilégio de tê-lo como Pai, a não ser dar a mão para nosso irmão mais velho, Jesus, que já fez por nós tudo o que precisava ser feito. Por causa Dele, podemos entrar no palco da vida e ser a criança mais estabanada da apresentação – ainda assim, tendo a certeza de que o Pai nunca deixará de nos amar.

A partir do momento que abrimos a porta para Jesus fazer morada em nós, nossa condição muda eternamente de "criaturas em rebelião contra seu Criador" para "filhas amadas em quem Ele se agrada". Ter o filho amado agora habitando em nós faz com que o Criador não nos veja como pessoas quebradas que Ele precisa consertar para, aí então, conseguir nos amar completamente. Quando em Jesus, o que o Criador vê ao nos olhar não é mais nosso pecado, nossa vergonha, nossa culpa... mas a perfeição de Jesus reluzindo em nós.

Não há nada que possa acontecer conosco, que façamos ou deixemos de fazer, que possa nos separar do amor Dele quando Jesus está em nós. O seu estado corrompido não pode mais te distanciar do amor de Deus, uma vez que Jesus mora em você. A porta está para sempre aberta e podemos nos achegar ao Pai sem medo de ser condenadas, de mãos dadas com Jesus. A pressão acabou.

Mesmo que ainda não estejamos condizentes com essa perfeição, Jesus nos reveste com a perfeição Dele e nos apresenta ao Pai puras e impecáveis enquanto reforma nosso interior. Hoje, no seu presente, mesmo que você ainda não se veja assim, o Pai já te vê completa como um dia você será: plenamente restaurada a quem você foi criada para ser!

Ele não exige que você mude para te amar. Deus não quer que façamos nada para "compensar" o presente que Ele nos deu de graça em Jesus. Deus não te resgatou em Jesus para te mudar ou usar. Ele te resgatou para te amar e para que você pudesse desfrutar de um relacionamento restaurado de amor com Ele.

Ao desfrutarmos do seu amor, certamente seremos transformadas. Mas isso será consequência, nunca condição para que Ele nos ame. A pressão acabou. Você é filha amada de quem Deus se orgulha, sendo restaurada pelo Espírito de Jesus que habita em você. Nada pode te tirar essa nova identidade conquistada na cruz.

Deixando que Jesus restaure seu reflexo no espelho

Todas nós temos algumas necessidades básicas que precisam ser supridas para sobrevivermos. Dentre elas estão necessidades fisiológicas, como comida, higiene e abrigo, mas também necessidades emocionais, como nos sentir aceitas, amadas e protegidas.

Ao longo de nossas histórias, pode ser que tenhamos assumido personagens, a fim de conseguir aquilo de que tanto necessitamos. Essas personagens são estruturas equivocadas de pensamentos e sentimentos que temos sobre nós mesmas.

Gosto muito do termo que Brennan Manning usa em um dos seus livros para nomear essa imagem distorcida de si mesmo: "impostor que vive em mim".

Não assumimos personagens necessariamente para enganar os outros. O vírus do pecado que corrompe nosso coração distorce também a visão que temos de nós mesmas. Passamos a acreditar que somos essas versões impostoras e colocamos armaduras a fim de conseguir o amor, a aceitação e a proteção de que tanto precisamos.

Vou exemplificar com a minha história: para me sentir aceita, amada e acolhida, assimilei que precisava interpretar a personagem da boa menina que nunca erra e me esconder detrás de uma armadura de perfeição. Lembra-se de que eu contei que, durante muito tempo, trilhei o caminho da admiração em busca de amor? Durante esse tempo, criei uma estrutura de pensamentos e sentimentos baseada em falas que eu inconscientemente repetia para mim mesma, como: *Nunca vou deixar que me vejam errando; Eu posso mais; Eu deveria ter feito melhor; Eu preciso estar sempre certa* etc. A partir dessa estrutura interna, criei estratégias externas de cobrança, exigência, rigidez etc. Essas estratégias externas e esses comportamentos foram formando a minha armadura, o conjunto de comportamentos que eu tinha para me proteger. No nosso interior habita um sistema distorcido de pensamentos e sentimentos que geram comportamentos externos também distorcidos.

Quando decidi deixar de carregar minha armadura e passar a andar pelo caminho de Jesus, achava que teria me libertado por completo do medo, da vergonha e da culpa. Mas, ao tirá-la, percebi que detrás dela ainda existia essa falsa imagem que eu tinha construída de mim mesma, essa personagem da qual estamos falando, que ainda me mantinha aprisionada a pensamentos e sentimentos que me conduziam aos comportamentos aprendidos da minha armadura. Mesmo sem armadura, ainda não me sentia livre, leve e forte, porque o sistema interno de pensamentos e sentimentos que me levaram à armadura ainda estava lá. Mesmo no caminho de Jesus, eu ainda me sentia muitas vezes tentada a recorrer às minhas velhas armaduras para me proteger e esconder, pois foi assim que eu havia aprendido a sobreviver.

Sem as armaduras que supostamente nos protegem, as nossas personagens começam a espernear, pedindo para que recorramos aos antigos modos de viver. Mas, no caminho de Jesus, nossa segurança, sustento e valor não vêm mais das antigas armaduras. Trouxemos para a luz Dele os sentimentos de medo, vergonha e culpa inerentes à nossa condição corrompida, e deixamos que Ele nos dissesse que não precisamos mais enxergar a vida através dessas lentes distorcidas.

Precisamos não só deixar para trás os comportamentos exteriores que criamos para nos proteger, mas também os padrões de pensamentos e sentimentos internos que cultivamos sobre nós mesmas – e aceitar aquilo que Ele diz sobre nós como sendo mais verdade do que aquilo que as impostoras que nos habitam ainda dizem a nosso respeito. No caminho do amor de Jesus, recebemos uma nova estrutura de pensamentos e sentimentos por meio da qual operar, que resulta em outros padrões de comportamentos mais condizentes com o jeito de ser de Jesus. Quando aceitamos os pensamentos e sentimentos Dele a nosso respeito, vamos sendo renovadas de dentro para fora em pessoas mais parecidas com Ele. Os pensamentos e sentimentos de Jesus a respeito de Deus, da vida e de si mesmo são a estrutura que permite liberdade a todo e qualquer ser humano. A cada dia que nos despimos, desvinculamos e permitimos ser refeitas, a personagem vai ficando menor e com menos voz e poder sobre nós. A nossa verdadeira identidade vai ficando cada dia mais evidente, até o dia em que renascemos toda ela: a verdadeira obra-prima que está sendo (re)criada em Jesus.

Quando temos consciência de que estamos sendo recriadas em Jesus, podemos diariamente olhar para a personagem no espelho, nos desvincular dela e declarar: *Essa não é mais a definição de quem eu sou e de como eu opero na vida. Eu criei essa personagem para me proteger do risco de ser abandonada, rejeitada e desprezada, mas ela foi incapaz de me dar o que eu tanto desejava. As estratégias e os esquemas dessa impostora me conduziram a mais medo, vergonha e culpa. Não é mais a pessoa quebrada, ferida e sem solução quem vive, mas Jesus que vive em mim. Eu sou nova criação em Jesus.*

A imagem que vemos no espelho ainda é imperfeita, porque não conseguimos nos olhar com os olhos da eternidade. O Pai já nos vê hoje com a lente de quem um dia nos tornaremos. Mesmo em meio ao seu processo de restauração, Deus te vê por inteiro e ainda assim sorri. Quando Deus nos olha, Ele enxerga a luz de Jesus que cobre nossas sombras e está nos restaurando a quem fomos criadas para ser. Ele sabe a essência gloriosa que fomos criadas para ter e como as armaduras e personagens que usamos até aqui para tentar nos consertar e proteger não são nossa identidade de verdade.

Aceitar-se como filha amada em quem Jesus habita é ousar acreditar que o reflexo da impostora no espelho não é mais a verdadeira você. A sua real identidade está sendo restaurada em Jesus e será gloriosamente revelada quando Ele voltar. Enquanto te restaura, Ele já te dá o poder, pelo seu Espírito, de viver a partir dela.

Jesus nos libertou da escravidão dos desejos e vontades das impostoras que criamos para tentar nos proteger. Quando Ele destrona nossas impostoras e se torna Senhor dos nossos desejos e vontades, vemos que Ele é um mestre compassivo, generoso, amoroso e misericordioso – tão diferente da impostora, que é nossa pior crítica e juíza, e nos faz acreditar que a nossa identidade será para sempre essa pessoa quebrada que precisa ser consertada. Ele te comprou e agora você é Dele. Você não tem mais o direito de acreditar em qualquer outra mentira sobre você. Se Ele diz que você é plenamente amada, é isso que você é. Viva a partir dessa verdade.

O que mudaria na sua forma de viver, se você aceitasse que Ele te ama de verdade, assim, bem do jeito que você é? O que você teria que fazer com a falta de amor que você mesma se dá? Se Ele te olha com tanta gentileza, compaixão e paixão, como você poderia continuar se olhando com desprezo, crítica e julgamento?

Aceitar que Ele te ama significa que você também precisa dar amor, compaixão e misericórdia a si mesma. Se Ele não te condena, você precisa parar de se condenar também. Se Ele não te pune, você também precisa parar de se punir. Se Ele te aceita como você é e não exige que mude para te amar, você precisa aprender a lidar consigo mesma de uma forma diferente da que vem se tratando até aqui.

Quando você está em Jesus, sua culpa e condenação não mais te definem e não têm mais poder de te escravizar! O vão entre quem você ainda não é e quem Jesus te criou para ser não está mais sem acesso... E sabe por quê? Porque a cruz de Jesus cobriu o vão. Jesus não está do outro lado te esperando e te cobrando que você mude para que Ele te ame. Ele já fez a ponte e veio até você. Ele passou pelo vão que você nunca conseguiria atravessar. Aceite-se como profundamente amada e completamente resgatada. Receba de mãos abertas a riqueza abundante e gloriosa dessa nova identidade, disponível de graça para nós, à custa de Jesus.

Quando você conseguir acertar, lembre-se que foi por causa do Espírito de Jesus que vive em você e o agradeça. Quando falhar, em vez de se punir e envergonhar, corra para o trono do Pai e receba a graça para recomeçar quantas vezes for necessário. Viva a partir da identidade que Jesus te dá, e não a partir da imagem distorcida que você ainda vê no espelho. Dê a mão para Jesus e ouse acreditar mais no que Ele diz sobre você do que no que você acredita sobre si mesma. Deixe Jesus ser em você aquilo que você nunca conseguirá se tornar sozinha. Viva a partir dessa identidade que Jesus já alcançou por você na cruz.

Saiba que o inimigo, já derrotado, vai tentar fazer com que você ainda viva a partir da impostora. Ele tentará te convencer de que você não é digna, de que você ainda deveria se envergonhar, ter medo ou sentir culpa. Mas quem pode te separar do amor de Deus agora que você está em Jesus? Nem a impostora, nem o acusador.

Ouse acreditar que, "para aquele que está em Jesus, não há mais condenação" (Romanos 8:1). Sempre que a impostora e o inimigo tentarem te culpar, envergonhar ou amedrontar pergunte-se: *Como eu posso condenar a mim mesma se Ele não me condenou? Quem pode me condenar se Ele não me condena?*

No processo de aceitarmos a cada dia mais o amor de Deus por nós, precisamos continuamente relembrar a liberdade para a qual Ele nos resgatou e escolher viver na luz com Jesus, não mais na escuridão da impostora e do acusador. Precisaremos resistir à tentação de voltar ao quarto escuro da nossa alma, acreditando novamente nas mentiras da impostora e do inimigo. As mentiras, por vezes, podem nos parecer mais confortáveis e seguras que viver uma vida livre com Jesus e passar pelo seu processo de restauração. Nas amarras, sabemos prever o que vai nos acontecer. Na escuridão, não precisamos encarar as feridas.

Mas existe outro fator que também pode nos fazer voltar para o quarto escuro, que é o orgulho. Talvez não queiramos sair do quarto escuro, mesmo com a porta aberta, porque não fomos nós mesmas que conseguimos nos libertar. Não queremos aceitar que Jesus foi o único capaz de agradar a Deus, e não queremos depender da sua graça para viver. Gostaríamos de poder ser como Ele, mas sem precisar depender Dele. Queremos fazer por merecer e, frustradas, preferimos permanecer no escuro a receber de graça a liberdade da luz de Jesus que expõe nossa incapacidade.

Voltar para o escuro não significa que a porta que Jesus abriu tenha se fechado e que tenhamos perdido a identidade que Ele conquistou na cruz para nós. A porta permanecerá para sempre aberta, uma vez que tenhamos aceitado o convite de Jesus. Quando voltamos para o escuro, mesmo já tendo sido libertas, estamos somente escolhendo acreditar de novo nas mentiras do inimigo e da impostora. Mas, todas as vezes em que isso acontecer, podemos sair novamente para a luz, com a confiança de que não deixamos de ser amadas pelo nosso Pai e não seremos punidas por essa recaída.

Enquanto vivermos nesse mundo corrompido depois do Éden, a impostora e o inimigo permanecerão nos rondando e nos tentando a voltar para as mentiras em que acreditamos outrora. Infelizmente, tantas vezes ainda cairemos em suas armadilhas. Mas, por meio do nosso relacionamento com o Espírito de Jesus que agora habita em nós e nos relembra da verdade, podemos escolher voltar para a luz, deixando a impostora morrendo de fome no canto escuro da alma e resistindo às investidas do inimigo. Podemos seguir em frente livres, leves e fortes, com nosso Irmão mais velho, que nos conduz.

Como você viveria se tivesse a plena convicção de que agora compartilha da mesma identidade que o filho amado do

Criador? Como passaria a receber críticas tendo a certeza de que não há nada que faça ou aconteça com você que possa te separar do amor de Deus que está em Jesus? Como olharia para si mesma no espelho se escolhesse se ver com os mesmos olhos compassivos e amorosos com os quais o Criador vê você? O que mudaria na sua forma de caminhar se realmente se sentisse profunda e eternamente aceita e amada pelo Criador, independentemente do que você faça ou deixe de fazer?

Ao abrirmos a porta para o caminho de Jesus, estamos pregando na cruz a velha imagem que tínhamos de nós mesmas e que nos fazia querer fugir, esconder, consertar e controlar. Ele tomou sobre si a nossa imperfeição e ressuscitou para nos empoderar a ser também transformadas em perfeição.

Ao escolher acreditar no que Ele fez, precisamos também escolher acreditar em quem Ele diz que nos tornamos Nele. Já não há condenação para quem está em Jesus. Não somos ainda quem nós deveríamos ser, mas toda perfeição que um dia seremos já vive em nós, por causa de Jesus.

Por isso, podemos viver hoje, em meio às nossas imperfeições, com a certeza do amor incondicional e compromisso inabalável do Criador com a nossa restauração. Mesmo ainda imperfeitas, podemos viver como se já estivéssemos completamente restauradas, pela fé em Jesus, que está nos transformando de dentro para fora e é fiel para terminar a boa obra que começou em nós.

Aceite a graça como combustível e o amor como motivador para a transformação

Você pode estar se perguntando agora: *Se eu aceitar que Ele não demanda que eu mude para me amar, isso não é uma boa desculpa para eu continuar como estou hoje? Isso significa que posso baixar a guarda e não tentar mudar aquilo que está em desacordo com a vontade Dele? Se eu não tiver mais medo de ser castigada e punida, qual será o meu motivador para mudar?*

A crítica e a punição não são bons combustíveis de transformação, mas a graça e o amor são. Deus não espera que consigamos nos transformar pela nossa própria força de vontade. O Criador não espera que conseguiremos viver essa perfeição que Ele deseja para nós sem ser por meio da própria força da vontade de Jesus vivendo em nós e por meio de nós. É a vontade do seu Espírito Santo que vai operar em nós tanto o querer quanto o realizar. A mesma graça que nos abre a porta nos carrega pelo caminho da restauração.

Uma vez que ganhamos esse relacionamento com Ele e sua aprovação inabalável, a nossa intimidade com Ele inevitavelmente nos levará a, de maneira ativa, cooperar com o seu Santo Espírito para eliminar da nossa vida tudo aquilo que nubla nossa capacidade de perceber ainda mais a Sua presença e de ouvir de forma ainda mais clara a Sua voz – não mais como forma de evitar punição, nem como forma de agradecer pelo bem que nos foi dado de graça, mas pela alegria e expectativa de poder ter um relacionamento ainda mais profundo e íntimo com Aquele que a nossa alma tanto deseja.

À medida que permanecemos no seu amor, nos enchendo das verdades que Ele diz sobre nós e escolhendo seguir a sua vontade ao invés da nossa, inevitavelmente seremos transformadas. Mas não pelo nosso esforço. O mérito será todo da sua presença e de seu poder vivendo em nós. A nossa parte é permanecer debaixo da sua graça, nos enchendo com seu amor a ponto de, alegremente, nos submeter ao que Ele diz, e deixá-lo agir em nós e através de nós, pela deliciosa expectativa de sermos purificadas e provarmos de ainda mais intimidade com Ele.

Em amor, Ele nos chama a treinar o nosso coração a ouvi-lo, amá-lo e a submeter voluntariamente a nossa vontade à Dele, para sermos transformadas pela presença e pelo poder do seu Espírito. Isso envolve algo que nós fazemos. Como Dallas Willard diz:"A graça não coloca fim nos nossos esforços, mas no nosso mérito". O Espírito de Jesus não impõe sua vontade à força sobre a nossa. Ele não nos domina, não abusa da sua autoridade, não nos controla se não permitirmos ser controladas.

A transformação é pela graça, mas o principal meio de sermos transformadas pela graça Dele é a nossa rendição, que revela uma dependência obediente à vontade Dele. Nós cooperamos com o transformar do Espírito ao nos disciplinarmos a permanecer com ouvidos atentos ao que Ele diz e mãos dispostas a obedecer, mesmo contra a vontade da impostora. Como "seres humanas", a quem foi concedida a possibilidade de escolher o que fazer ou deixar de fazer, devemos treinar ativamente a nossa vontade a obedecer a vontade Dele – não pelo medo de sermos punidas se não o fizermos, mas por confiarmos que Ele sabe o caminho para a vida que tanto desejamos viver.

Por isso, minha amiga, escolha viver com base na identidade de filha amada que Jesus te dá e discipline a impostora que ainda viverá em você enquanto Jesus não voltar. Não mais permita que ela te guie, mas deixe que o Espírito de Jesus conduza a sua vontade. Continuamente treine sua mente, corpo e coração a dizer "não" para ela, até que ela diminua e Ele cresça. A sua parte não é se transformar; a transformação é pela graça de Deus. Sua parte é permanecer atenta ao mover do Espírito Santo na sua vida, cooperando, por meio da rendição da sua vontade à Dele. Para isso, se esforce para passar tempo com o Pai, ouvindo o que Ele tem a te dizer em sua Palavra.

Ao nos esforçarmos para permanecer Nele, certamente seremos purificadas e transformadas. A nossa restauração é obra do seu Espírito que habita em nós, mas Ele só restaurará aquilo que confiarmos a Ele e permitirmos que Ele toque. "O que você quer?", ele nos pergunta. "Você quer ser curada? Você quer deixar de viver cansada e sobrecarregada? Então venha a mim. Fique aqui comigo e aprenda o meu jeito de lidar com a vida". Da nossa relação, brotará a transformação. E o mérito será todo Dele.

Ainda não somos quem deveríamos ser, mas, pela fé em Jesus que vive em nós, Ele já é tudo de que precisamos para viver hoje de acordo com a vontade de Deus. Ouse viver como se a perfeição completa de Jesus já fosse verdade em sua vida (porque ela é!) e deixe que Ele faça por você aquilo que você nunca poderia fazer sozinha.

Deixe que Ele te torne quem você foi criada para ser. Siga com Ele no caminho que conduz para a vida livre, leve e forte de verdade. Aceite o amor inabalável e inquestionável de Deus por você, por causa de Jesus. Vá a Ele sempre que estiver cansada de tentar se consertar sozinha e aprenda Dele; deixe que Ele vá à sua frente e te mostre como fluir a perfeição que nenhuma armadura ou estratégia podem te dar.

Quando falhar, lembre-se de que, enquanto Ele não voltar, nunca alcançaremos a perfeição; corra com toda a confiança para o trono da graça; renda-se novamente a Jesus e deixe que Ele te lembre do amor inesgotável do Pai. Não se julgue, não se condene, não se puna. A vida que está sendo transformada por Jesus não é como uma escada que só subimos. Haverá tantos vales da sombra da morte quanto pastos verdejantes no caminho da nossa restauração, mas todos eles estão cooperando para o maior bem da nossa vida: termos o jeito de ser de Jesus formado em nós, pelo seu Espírito que habita em nós.

Lembra-se de que a vida no caminho do amor não é isenta de dor e sofrimento? Vão existir momentos em que o Espírito de Jesus vai nos conduzir a vales e desertos, para que possamos enxergar aquilo que estava no escuro. O que não trouxermos à luz não poderá ser transformado. Ele fará o que for preciso para nos libertar por completo e nos fazer experimentar a cada dia mais a sua liberdade, leveza e força. Por isso, todo dia, escolha recomeçar e beber da graça que será o seu combustível para transformação.

Nosso recomeço diário envolve trazer à memória – a qual insiste em tentar nos convencer de que não somos amadas e de que precisamos de alguma forma provar nosso valor naquele dia, a fim de ter a aprovação que nosso coração tanto deseja – que já somos profundamente amadas e perfeitamente aceitas.

Todo dia, precisamos nos esforçar para trazer, aos pés de Jesus, os pensamentos contrários a essa verdade, render nossas mentes e corações a Ele, reconhecer a graça que acompanhou todo o nosso caminhar até aqui e esperar pacientemente nossa mente, nosso corpo e coração se encherem de seu amor. Só assim, transbordando graça, é que a transformação pode acontecer de verdade, de dentro para fora.

Escolha continuar dando pequenos passos imperfeitos, mas cheios de graça e coragem. Nosso Pai olha para esses pequenos passos imperfeitos e se alegra, como eu me alegrei com a tentativa imperfeita do meu filho em sua apresentação. Ele sabe que, para aprendermos a fazer algo, são necessárias muitas tentativas e falhas no processo. Dê a si a mesma graça que Ele te dá e tente outra vez, quantas vezes forem necessárias. Nosso motivador para mudar não precisa mais ser a crítica e a culpa, mas a graça e o poder que já habitam em nós e nos empoderam. Deixe que a graça impulsione sua transformação.

Vá, minha amiga, e viva livre, leve e forte por meio da liberdade e identidade que Jesus comprou com o próprio sangue para você! Ele já abriu a porta para essa vida, mas cabe a você escolher sair da escuridão e viver nessa verdade dia após dia, momento a momento. Porque Jesus vive dentro de mim e de você, podemos nos achegar com confiança a Deus, mesmo quando falharmos... e saber que nunca seremos condenadas e punidas – pelo contrário, receberemos graça sobre graça para nos ajudar quando for preciso. Até que nos tornemos completas, como Ele é.

05

Pare de buscar

(e perceba que já encontrou tudo de que precisa)

Uma das mentiras que mais nos prendem é a de que não podemos nos sentir plenamente amadas, até que encontremos alguém que nos complete. Na minha juventude, ansiava por um romance que fizesse meu coração bater mais forte, como nos conto de fadas que sempre ouvi. Queria muito encontrar alguém que preenchesse minha solidão.

Acreditava que esse amor chegaria no dia em que encontrasse o cara perfeito que me faria companhia pelo resto da vida. Colocava, no dia em que ele aparecesse, a esperança de me sentir plenamente amada. Idealizava como seria completamente realizada quando o encontrasse.

Ansiava por intimidade – não necessariamente só no sentido físico da palavra, mas intimidade de alma. Queria alguém que segurasse meu coração e me desse a certeza de que ele nunca seria partido. Queria alguém que me fizesse companhia; acreditava que esse alguém seria capaz de me fazer sentir completa.

Ah! Como eu queria poder voltar atrás e dizer para essa jovem Luiza: *Pare de procurar e idealizar. Não condicione a sua satisfação a algo que você precise alcançar ou a alguém que ainda vai aparecer – não porque um cara não vá chegar, mas porque o grande amor da sua vida não é ele. O grande amor que vai conseguir suprir plenamente sua solidão e necessidade de se sentir amada, aceita e segura já está à sua disposição e bate à porta do seu coração para te preencher.*

Quanto mais eu convivo com outras garotas, mais percebo o quanto todas nós acreditamos nessa mesma mentira. Achamos que somos incompletas até que encontremos alguém que nos diga que morreria para nos salvar do nosso castelo. Cada uma de nós expressa essa crença de formas diferentes e algumas até mesmo tentam projetar a imagem de que não têm esse desejo. Mas, no fundo do coração de toda menina, existe o anseio por se sentir amada, aceita, segura e protegida ao lado de alguém. Não fomos feitas para estar sozinhas, e nosso coração bate forte por encontrar esse alguém que nos tirará da solidão.

Não é à toa que o imaginário feminino tenha sido construído e representado ao longo da história com base em castelos e príncipes encantados que libertam princesas de suas prisões para uma vida de amor e felicidade para sempre. Por mais que essas imagens estejam sendo desconstruídas (graças a Deus!) e as princesas sejam agora empoderadas, você também pode admitir que nutre essa esperança que beira a ingenuidade e infantilidade, minha amiga.

Algumas de nós não esperamos mais príncipes encantados, mas continuamos nos derretendo por qualquer um que nos dê algum sinal de amor. Todas nós queremos alguém que nos ame a ponto de dar a vida por nós, que se atente aos detalhes da nossa existência e nos diga que o nosso existir torna o mundo mais especial.

Toda garota anseia por um amor arrebatador que a liberte da prisão das pressões que a cercam, para uma vida de segurança, amor e felicidade eterna. (Se não fosse assim, não continuaríamos vendo tantas comédias românticas com esse mesmo enredo sendo lançadas todos os anos). Toda garota deseja sentir-se amada e segura para ser ela mesma e cumprir seu papel no mundo. Mas, minha amiga, será que esse amor que tanto desejamos e esperamos que nos faça sentir completas vem mesmo de um príncipe encantado?

Um dia o meu príncipe apareceu. Ele usava calça xadrez e, com um violão na mão, cantava suas canções despretensiosas. Enquanto isso, eu estava na plateia do seu show e mal podia imaginar que ele tinha me visto e notado. Alguns dias antes desse encontro, desacreditada dessa história de contos de fadas, escrevi no meu diário: "Não acho que tenha alguém para mim aí fora. Cansei de esperar. Pra mim, deu. Quero ter alguém que me ame e me acompanhe, mas acho que ele nunca vai chegar".

Naquela mesma noite, aquele garoto carioca, oito anos mais velho do que eu, me mandou uma mensagem de texto (sem querer dedurar nossa idade, mas já dedurando: sim, naquela época ainda não tínhamos smartphones!): "Foi muito bom te conhecer," ele dizia, "pena não termos conseguido conversar mais". Uma ficha caiu. Será que é isso mesmo? Ele me viu? No meio de tantas outras garotas, esse cara me enxergou? Seria ele? Meu coração acelerou. Entre e-mails, ligações e mensagens de texto, marcamos nosso primeiro encontro. E lá estava ele, um cara real que fazia meu coração bater mais forte e que me fez voltar a acreditar que tinha solução pra minha solidão. Ele não era tudo o que eu idealizava... era muito melhor, muito mais complexo, muito mais cheio de nuances, as quais eu nunca poderia ter imaginado. Dois anos depois estávamos no altar, trocando promessas e, dentre elas, estava uma em especial: "Eu prometo viver pra te fazer feliz". Ah! Se eu pudesse voltar atrás e refazer esses votos... Queria voltar e dizer para aquele rapaz lindo e cheio de boas intenções na minha frente que nós não seríamos capazes de fazer um ao outro feliz e que nosso compromisso não podia ser baseado nessa expectativa. Mal somos capazes de aplacar a solidão que bate latente nos nossos peitos, quanto menos aplacar a solidão do outro e fazê-lo feliz. Quando o fogo da paixão avassaladora dos primeiros anos de um relacionamento fica menos ardente (e mais se parece com uma vela que precisa de muito cuidado para que permaneça acesa), percebemos que a solidão ainda permanece ali, mesmo que agora estejamos acompanhadas.

Enxergando o grande amor da sua vida

Por mais encantado que seja o príncipe, ele não será capaz de te dar o amor que você tanto deseja. Ele vai pisar na bola, vai esquecer de fechar a tampa da pasta de dente, vai chegar cansado do trabalho e não notar que você cortou seu cabelo... Ele não vai te amar como você deseja ser amada.

Não podemos cobrar de um ser humano o amor que só pode ser dado pelo Eterno. Não me leve a mal, não estou dizendo para você não desejar alguém para dividir a vida. Só não deseje um cara do seu lado pelos motivos errados. Não deseje se relacionar com alguém para se sentir amada, nem se relacione para suprir a necessidade de alguém se sentir amado. Pare de esperar por alguém para ser completa. Não espere que alguém apareça para ser feliz e nem para tentar fazer outra pessoa feliz. Relacione-se com alguém para, completamente amados por Deus, compartilharem as dores e delícias de caminhar com Jesus enquanto são transformados por Ele e aprendem com Ele a amar um ao outro.

Dez anos depois daquele dia, com dois filhos pendurados nas costas, eu olhava nos olhos daquele rapaz em meio a uma briga por qualquer bobagem corriqueira e confesso que não via mais o garoto pelo qual me apaixonei. Em meio a fraldas e noites maldormidas, o que sobrava de um para o outro eram farpas. Se ainda existia fogo, ele estava se extinguindo. Estava em meio à pior crise de fé e também pior crise emocional em que já tive. Não estávamos conseguindo dialogar, muito menos demonstrar carinho e respeito um pelo outro. Aqueles votos estavam a um fio de serem desfeitos.

Resolvemos que precisávamos de um tempo só para nós dois. Deixamos as crianças com os avós e passamos uma semana em um hotel. Viagem romântica não é bem o nome que podemos dar a essa semana; talvez o nome mais adequado seria "viagem de reabilitação matrimonial". Mal estávamos nos falando, mas ao longo dessa semana lembramos das promessas que fizemos um para o outro diante do Criador dez anos antes e pedimos a Ele que restaurasse nossa relação.

Aos poucos o silêncio foi dando espaço para conversas que precisavam acontecer. O descanso aliviou a tensão e criou espaço para processarmos nossas emoções, expectativas e frustrações. Durante as manhãs daquela viagem, eu acordava um pouco mais cedo para ler a Bíblia e tentar ouvir o que Deus tinha a dizer. Enquanto isso, meu marido ia dar uma corrida em que certamente conversava bastante com o Criador.

Em uma dessas manhãs, enquanto permanecia diante da sua palavra e pedia que Ele me enchesse com seu amor, não sei ao certo explicar o que aconteceu, mas foi como se meus olhos se abrissem para perceber a presença e o poder do Espírito Santo de Jesus como nunca havia experimentado antes. Não havia mais ninguém naquele quarto comigo, mas todo o amor de que precisava estava bem ali, enchendo todo aquele lugar. Senti que Jesus estava vivo, presente ali quase como se fosse palpável. Fechei meus olhos e compreendi... que Ele era o grande amor da minha vida. Era Ele que meu coração sempre esperou e desejou. Trago esse momento à minha memória todo dia. Meu coração bateu mais forte naquele momento assim como bateu quando recebi a mensagem daquele rapaz lindo, que eu tinha o privilégio de chamar de "marido". Eu não estava mais só; nunca estive. Eu não precisava mais esperar que o meu marido me completasse e suprisse minha carência. Todo o amor que eu sempre desejei estava ali, em Jesus. Ele sempre esteve ali, mesmo quando eu não tinha ninguém ao meu lado. E para sempre estará.

Não demorou muito para que o garoto que fez meu coração bater mais forte anos antes voltasse da sua corrida, e eu já não esperava que ele fizesse mais qualquer coisa para me salvar da minha solidão e carência. Eu estava satisfeita e podia transbordar esse amor para ele.

Nosso casamento resistiu e se renovou a partir daquela viagem – não por conta dos nossos votos ingênuos de conseguir suprir a necessidade de amor um do outro, mas porque consagramos novamente nosso casamento a Ele, aquele que nos unia, e pedimos que derramasse em nós Seu perfeito amor, a ponto de transbordar esse amor um para o outro e para os nossos filhos. Quando deixamos que Ele voltasse ao centro, todo o resto encontrou novamente o seu lugar.

Criadas para transbordar

Não é bom que o ser humano esteja só. Fomos criadas para estar junto de alguém, mas esse alguém não foi criado para suprir nossa solidão e ser nossa fonte de amor, valor e segurança. Assim como nosso Deus Criador é em si uma comunidade de três pessoas, nós fomos feitas para seguir acompanhadas pela vida, mas somente enquanto vivermos um relacionamento a três, tendo o Criador sempre no centro como a fonte suprema e única de todo amor que desejamos e precisamos.

Quando não estamos conectados à fonte de amor verdadeiro e eterno, passamos a buscar por amor um no outro... mas só encontramos baratos e passageiros reflexos imperfeitos do amor verdadeiro. Só encontramos descanso, alívio e satisfação ao nos esbaldarmos no amor de verdade, que é o próprio Deus Criador. Enquanto colocarmos em outro ser humano a expectativa de aplacar nossa solidão e nos fazer sentir profundamente amadas e aceitas, vamos sempre nos decepcionar (por melhor que seja esse ser humano!).

O amor dos nossos pais nunca será suficiente, nem dos nossos amigos, nem dos nossos parceiros de vida, nem dos nossos filhos, nem dos nossos colegas de trabalho. Fomos criadas para ser dependentes dessa única fonte de amor e viver viciadas nela; todas as outras formas de amor são mero reflexo. Sem esse amor, ficamos perdidas, buscando incansavelmente algo que nos satisfaça.

Nós não temos a capacidade de gerar amor por conta própria. Não somos fontes de amor, mas recipientes. Fomos criadas para receber amor do Criador e transbordá-lo para os outros. Quando duas pessoas, meros recipientes de amor, relacionam-se esperando que a outra as preencha plenamente, o resultado pode ser desastroso.

Passamos a vida esperando amor de recipientes quase vazios, incapazes de reter amor suficiente para nos dar. Quando em um relacionamento com outro ser humano, precisamos mantê-lo sempre nesse lugar de receptor do nosso amor, que transborda da nossa satisfação no amor do Criador. Nunca podemos esperar que um ser humano seja fonte de amor que nos satisfaça. Correremos obstinados atrás de outras formas de tentar saciar nossa sede de amor (e que não sejam a fonte de amor) enquanto não admitirmos que precisamos passar pela porta que nos foi aberta por Jesus de volta à fonte de amor e sabedoria do Pai. Temos uma profunda dificuldade em admitir que nós não somos capazes de nos satisfazer sozinhas. Ou mesmo de admitir que aquilo que tanto achamos que vai nos satisfazer não é capaz de aplacar a solidão da nossa alma. Não queremos aceitar que a única forma de sermos profundamente amadas, aceitas e seguras é confiando no amor do próprio Criador por nós, derramado por nós por meio do seu filho amado.

Depois do Éden, somos recipientes rachados e incapazes de reter amor. Só há uma forma de termos nossos corações consertados a fim de nos enchermos desse amor até a borda, a ponto de transbordar: diariamente seguir Jesus para dentro da nossa alma e permitir que Ele cure as rachaduras mais profundas do nosso ser. A vida de Jesus em nós transforma nossos corações em recipientes restaurados que não só conseguem reter amor, mas chegam a transbordar. O verdadeiro amor se fez carne, viveu, morreu e reviveu a fim de dar seu espírito para viver em nós e nunca mais nos deixar sozinhas. Ele, a fonte de amor eterno, quer morar em nós, e nos dar tudo aquilo que sempre desejamos. Mas, para isso, precisamos admitir que Ele é o único que pode ser o nosso salvador. O salvador que nenhum príncipe encantado conseguirá jamais ser. O salvador que nenhuma conquista profissional poderá ser. Ele é o único que pode nos fazer completas. O único que foi capaz de te amar até a morte. Ele quer te dar todo o amor, a aceitação e a segurança que o seu coração tanto anseia. Mas, para isso, é preciso se render a Ele.

Ele é o grande amor pelo qual você espera e anseia. Todo e qualquer outro amor que você sinta na sua vida será sempre um mero reflexo imperfeito Daquele que é a definição e fonte eterna de amor. Ele é aquele que te completa. Pare de esperar por alguém que ainda vai chegar e olhe para todo amor que já está disponível para te satisfazer por completo.

Quando a solidão bater, lembre-se de que Ele está ali, desejando te suprir com todo o amor que você tanto deseja. E, assim, estar inteira, completa e satisfeita pela fonte eterna de amor é a melhor condição para você se relacionar com outro ser humano, pois estará livre para transbordar para o outro todo amor que você já recebeu.

A vida se torna mais leve quando, juntos, vocês testemunham e carregam o fardo um do outro, enquanto buscam o amor na fonte eterna do Criador, e não um no outro. Se aprendermos a nos saciar no amor Dele, acontecerá que, quando outro ser humano imperfeito chegar à sua vida para te acompanhar pelo seu caminhar, vocês poderão de mãos dadas ir juntos diariamente até a fonte de todo amor e beber dela até se saciarem, tornando-se também fonte que transborda um para o outro e para quem mais estiver ao seu redor.

06

Deixe de se comparar

(e compartilhe as dores e delícias do caminhar)

Deixe de se comparar

*D*epois de alguns dias em licença-maternidade do meu primeiro filho, meu marido retomou as atividades de trabalho e minhas tardes foram inundadas por uma solidão imensa. Aquele bebê no meu colo não estava conseguindo preencher o vazio que eu sentia. A minha companhia era o celular. Por trás da tela, via a vida aparentemente incrível que as outras mães tinham com seus filhos. *Olha, o filho dela já dorme a noite toda. Aquela já está com o corpo melhor do que antes de engravidar. Eu não consegui fazer isso dessa maneira.*

Passei a alimentar a minha mente com comparação e a sensação de que eu não era uma mãe boa o suficiente. A percepção de fracasso reforçou as ervas daninhas de medo, vergonha e culpa que já existiam na minha alma. Eu tinha vergonha e medo de que vissem que eu não estava dando conta de ser a mãe que eu havia idealizado. Reuni as poucas forças que ainda tinha e me apliquei a tentar passar a imagem de ser a melhor mãe do mundo. Lá estava a minha armadura para não mostrar para as pessoas o quanto estava precisando de ajuda. Quando me perguntavam como eu estava, dizia: "Tudo ótimo! Essa fase é deliciosa, né?"

A cada nova "conquista", corria para me comparar com a "conquista" da vizinha e ver se eu tinha me saído melhor. De alguma forma, perceber que estava fazendo algo "melhor" que alguém fazia eu me sentir melhor a respeito de mim mesma. Mas, quando eu via o melhor nas outras mães, meu coração se enchia de inveja. E assim erguia o muro do julgamento e da comparação entre nós. Esse julgamento que custava caro não só pra elas, mas pra mim também.

A armadura faz-nos querer medir a nós mesmas e medir os outros para comparar e competir. Nós nos relacionamos com o outro para mensurar quão bem estamos aparentando estar em relação ao que o outro é e está fazendo, em vez de admitirmos que cada uma de nós está passando pela sua própria luta e todas nós precisamos de ajuda. A cada vez que adotamos a postura da comparação e competição ao invés da colaboração, nos isolamos e distanciamos mais umas das outras.

Quantas de nós já sofremos sozinhas, achando que só nós estávamos quebradas e que todas as outras pessoas estavam conseguindo lidar com a vida melhor que a gente? Quantas de nós olhamos para o lado só para nos comparar e competir? Quanto sofrimento causamos a nós mesmas e às outras por carregar esse fardo do isolamento e julgamento enquanto projetamos idealizações?

Outro caminho que não o de comparar e competir

Preciso admitir que passei minha vida toda me comparando. Sempre quis ser a melhor em tudo. Como acreditava que o amor se conquistava com admiração, achava que também precisava competir por ele. Eu me comparava toda vez que percebia alguém se saindo melhor do que eu. Sei, não é bonito admitir isso. Mas esse também é um dos frutos do nosso coração humano corrompido pelo pecado. No anseio por nos sentir amadas e acreditando que amor se consegue com admiração, podemos correr o risco de ver o outro como competição.

Pode ser que você seja o contrário: sempre se colocou abaixo dos outros e nunca quis competir com ninguém. Você achou que nunca conseguiria ser melhor, então já se colocava na menor posição. Mas tanto uma situação quanto a outra são estratégias para não permitir que nos vejam muito de perto. Colocar-se abaixo também é uma forma de tentar ser amada – não por admiração, mas por dó.

A armadura não nos permite estar no mesmo degrau que outras pessoas, porque, se permitimos que alguém esteja na mesma altura que nós e nos veja muito de perto, pode ser que comece a notar as rachaduras que tentamos esconder. Tanto quem está no degrau de cima quanto quem está no degrau de baixo invejam quem está fora da escada, vivendo uma vida livre de comparação e competição.

Quando a vida é uma competição, os outros são rivais que precisamos derrotar a fim de ganhar o amor que desejamos. Mas, pior ainda, competimos com nós mesmas. O nosso pior adversário se torna a versão real de nós. Queremos nos derrotar, sabotando nossas tentativas falhas e imperfeitas de viver. Vivemos querendo atingir a nossa versão ideal e menosprezando nossa versão real. Em uma vida de competição, todo mundo sai perdendo.

Quando estamos tão ocupadas nos medindo em relação a vidas alheias, acabamos por esquecer de celebrar tudo aquilo que o Criador nos criou para ser. Rejeitamos os aspectos que nos diferenciam dos outros, na tentativa de nos moldar ao que o outro projeta de si e aos padrões que nós temos para nós mesmas.

Nosso projeto de vida passa a ser atingir um padrão, e não descobrir e manifestar quem nós fomos criadas para ser. Vivemos para corresponder a padrões que nos são colocados ou, pior, que colocamos para nós mesmas segundo o que interpretamos da opinião dos outros. Vivemos invejando outras pessoas que, por sua vez, estão também invejando a vida de outras.

Mas o Criador, em sua maravilhosa criatividade, criou gente de todas as formas, com aptidões diferentes, com nuanças, texturas, cores, cabelos, sorrisos dos mais diversos. Ele se alegrou que fosse assim e cada mínimo detalhe dessas infindáveis variações conta muito para Ele. Você e eu fomos criadas de modo único, especial e admirável. Cada uma de nós, com cada uma das nossas singularidades, importa muito para Ele. Por isso, pare de tentar se encaixar em um único modelo. Ele não nos fez tão diferentes umas das outras para tentarmos nos encaixar em um mesmo padrão. Ele nos fez para sermos diversas e enriquecermos a vida com toda a criatividade e beleza do Criador.

A vida não é sobre quem chega primeiro ou mais alto. Não há como comparar dois caminhos, pois cada um tem o seu trajeto, mesmo que o fim seja parecido. Não estamos em uma pista de corrida. A vida não é uma competição e o amor não está em jogo. O jogo da vida tem que ser jogado com a consciência de que não há qualquer aplauso na arquibancada que se compare com o abraço caloroso Daquele que é amor. E esse abraço caloroso não depende da nossa performance, mas da nossa disposição em aceitar e acreditar que Ele nos amou e fez tudo o que era preciso para nos reconciliar com Ele.

Para viver livres, leves e fortes no caminho com Jesus, precisamos deixar de nos comparar e de competir por aplausos. Ao deixarmos a comparação e competição, podemos exercitar a celebração e o compartilhar. No caminho de Jesus, todas nós somos únicas e especiais. O fato de termos recebido habilidades, características e oportunidades diferentes não significa que alguma de nós seja menos importante para Deus. Podemos sempre nos lembrar de que todas nós somos imperfeitas e ainda assim filhas amadas, de quem Ele se agrada, e a quem cuida e provê todo o bem da vida.

Quando as armaduras caem, vemos que todas nós somos iguais. Todas temos medo, vergonha e culpa de algo. Nenhuma de nós precisa estar acima ou abaixo para nos sentir melhor. O caminho da escada é de desigualdade, cobrança e competição. Mas e se todas nós escolhêssemos sair da competição? E se todas admitíssemos que não temos tudo sob controle, que não somos tão perfeitas como nos esforçamos tanto para dar a impressão de ser? E se deixássemos de olhar para o lado para nos comparar e passássemos a olhar para o lado para compartilhar as dores e delícias de viver sem armaduras, de mãos dadas umas com as outras enquanto nos ajudamos a trilhar o caminho do amor?

Levantando umas às outras em meio à imperfeição

Depois de sete deliciosos e, ao mesmo tempo, interminavelmente doloridos meses de licença-maternidade, voltei a trabalhar e tive uma conversa muito franca com a minha então chefe, em que compartilhei a minha profunda frustração por não ser mais "a Luiza de antes". Não estava conseguindo alcançar o padrão de qualidade, performance e perfeição que tinha colocado para a minha vida!

Nessa conversa, a minha chefe me fez uma pergunta que abriu meus olhos: "Luiza, quem você está tentando vencer?". Foi quando percebi que, por carregar minha armadura por tanto tempo, eu não havia aprendido a me relacionar com os outros sem ser pela competição. O outro não era um aliado a quem eu poderia recorrer, mas alguém a quem eu precisava vencer e de quem eu tinha que me proteger. Olhava para fora tentando encontrar outras pessoas para competir e "vencer", a fim de me sentir melhor a respeito de mim mesma.

Coloquei as pessoas da minha vida na plateia para me aplaudir ou no palco comigo para competir. Vivia para impressionar quem coloquei na plateia e derrotar quem elegi para competir. Essa forma equivocada de olhar para os outros e para os desafios da vida fez com que me relacionasse sempre mantendo as pessoas a uma distância segura, sem que soubessem de fato o que se passava no meu interior. Essa combinação atômica de buscar aplausos de uns e viver me comparando com outros também foi mais um dos elementos que culminaram na minha crise de pânico na madrugada.

A armadura nos promete proteção. Por detrás dela guardamos angústias, desafios, falhas e fracassos. Na minha concepção, não dar conta e admitir a minha necessidade de ajuda representavam fraqueza e perigo. De tanto eu me esconder e tentar me consertar sozinha, acreditei que, se eu não fizesse por onde e se não fosse por mim, ninguém mais seria.

Preferia fazer as coisas sozinha e guardar meus desafios para mim mesma, uma parte por insegurança e outra parte por prepotência. Ambas por medo. Medo da humilhação de me verem arriscando algo e não dando conta. Medo de reconhecer que não tinha controle sobre tudo e ter minha vulnerabilidade abusada ou menosprezada. O risco de ser rejeitada e ignorada me fazia evitar depender de alguém para me ajudar a carregar os pesos do caminho.

Mas eu não queria mais medir meu valor pela minha performance e pelos aplausos que vinham como resultado dela. Não queria mais eleger algumas pessoas na minha vida contra as quais eu iria me medir, me comparar e competir. Não queria mais viver de maneira segura só para prever aplausos de quem estava na plateia do meu coração. Não queria mais não ousar por medo do fracasso. Não queria mais buscar amor por meio da admiração. Não queria mais viver a pressão de sempre precisar vencer para provar meu valor.

O medo, a vergonha e a culpa nos impedem de experimentar o encontro com o outro que pode transformar nossa insegurança em segurança. Fomos criadas para ser vistas por inteiro e, ainda assim, amadas. Fomos criadas para compartilhar uma vida de amor, não para competir pelo amor. Lembra-se de que o amor não está em jogo? Lembra-se de que o amor do Criador é imerecido e abundante? Por que competir? Para que se comparar?

Como "seres humanas", criadas de forma parecida com o Deus Criador, herdamos Dele uma característica essencial que é sermos relacionais e vivermos em uma comunidade que se dedica a levantar um ao outro, não a competir um com o outro. No grande livro do amor do Criador pela sua criação, descobri que esse Criador é, em sua essência, uma relação entre três pessoas que dedicam sua vida uma à outra sem medo de não ter suas próprias necessidades atendidas. O Criador é Pai, Filho e Espírito. E essas três pessoas vivem para levantar uma à outra.

Em outras palavras, o Pai prioriza e exalta o Filho, que prioriza e exalta o Espírito, que prioriza e exalta o Pai, que prioriza e exalta o Espírito, que prioriza e exalta o Filho, que prioriza e exalta o Pai. Uma dança divina de esquecer-se de si mesmo e importar-se em levantar o outro, que vem da certeza de que o outro também se esqueceu de si e vai te levantar. Nessa ciranda divina, ninguém está por si, porque todos têm a segurança de que o outro estará sempre por ele.

Fomos criadas para nos relacionar com amor, respeito e verdade com os que nos cercam, não com inveja, comparação e ilusão. Por isso, gentilmente quero te convidar a olhar para as pessoas que você colocou na sua plateia e de quem você tanto busca aplausos. Quem são elas? Quem são as pessoas que você nomeou para o "comitê da definição do seu valor"? Agora olhe para as pessoas que você elegeu como sua competição.

Quem são elas? Quem são as pessoas que você nomeou como a "competição que você precisa derrotar para se sentir melhor sobre si mesma"? Seja na sua plateia, seja dentre suas competidoras, pode haver alguns tipos de pessoas: as pessoas seguras e as não seguras.

As não seguras são aquelas que cobram que você seja quem não é; estão ali para te medir, avaliar, julgar e para competir com você. Sim, elas também estão tentando competir com você e fazem questão de te mostrar o quão bem estão indo na vida. Já as seguras são as que estão ali na plateia para testemunhar e acompanhar; estarão ali com você independentemente do quão quebrada você é, do quão ruim sua performance for. As pessoas seguras são aquelas que, mesmo que você tenha elegido como competidoras, celebram as suas conquistas como se fossem delas.

Geralmente, as pessoas não seguras são as que não conseguem admitir sua própria insegurança e têm para si próprias padrões tão altos, que acabam usando-os também para medir, cobrar e competir com os outros. Já as pessoas seguras são justamente aquelas que aceitam sua própria insegurança, vulnerabilidade, fragilidade e, por isso mesmo, estão dispostas a aceitar e se tornar espaços seguros para essas características no outro também.

Independentemente de quais sejam, você precisa tirá-las da sua plateia e equipe adversária. Convide gentilmente as pessoas não seguras a se retirarem por completo. Não estou dizendo para você tirar essas pessoas da sua vida ou mesmo do seu coração; só estou dizendo para tirar o poder que a opinião delas exerce sobre você. Escolha amá-las, e nada mais. Não tente impressioná-las e não tente mais competir com elas. Elas não vão ser capazes de carregar seus pesos por você, porque já estão com as mãos ocupadas carregando os pesos que elas usam para medir a si mesmas e aos outros. Elas não vão parar de competir com você, mas você pode deixar de competir com elas.

Já as pessoas seguras, essas você convida a subir no palco da vida com você e com Jesus – não para competirem por atenção, mas para compartilharem as dores e delícias do caminho do amor. Para essas pessoas, você não precisa mais carregar a armadura, porque elas também estão despidas das delas. Ali, na segurança de uma conexão genuína entre pessoas que se despiram das suas armaduras, pode nascer cura. Juntas, vocês poderão suportar o peso da caminhada, e você não precisará mais tentar impressioná-las.

É preciso coragem para dar o primeiro passo, encarar e nomear quem está na sua plateia e fazer essa triagem. Mas coragem não é ausência de medo, vergonha e culpa... É agir mesmo com tudo isso ainda latente, contando com a sabedoria e o poder do próprio filho amado do Criador vivendo em você e por meio de você.

No caminho de Jesus, escolhemos todo dia não viver para tentar impressionar mais ninguém, nem mesmo a nós mesmas. Isso mesmo! Por estarmos com Jesus, escolhemos diariamente ter compaixão de nós mesmas e nos aceitar, mesmo não necessariamente admirando o que vemos, e tão somente porque Ele tem compaixão de nós e nos aceita como somos. Assim também, olhamos para os outros como imperfeitos, falhos e dignos de compaixão.

Quando tiramos as pessoas da plateia, percebemos que a vida não é um espetáculo para ser aplaudido. Quando transformamos competidores em companheiros de vida, percebemos que não há mais o que perder. Não precisamos ficar obcecadas pela nossa aparência e performance: podemos simplesmente ser quem fomos criadas para ser. Podemos "perder a corrida", mas ainda assim ganhar de tantas outras formas.

Você não tem que provar nada pra ninguém, por mais importante que essa pessoa seja para você. A única opinião que importa é a Daquele que te fez, que te amou até a morte, que te conhece mais do que você mesma, porque Ele mesmo te criou. Não carregue expectativas irreais por aí, principalmente expectativas de outras pessoas. Não viva esperando os aplausos da plateia, além do sorriso constante que você já tem e da única palma que realmente importa: aquela furada por um prego um dia numa cruz, por amor a você.

Só assim a vida consegue ser verdadeiramente livre, leve e forte: quando você entende que não precisa dos aplausos de ninguém para ter valor e que não precisa mais competir com ninguém. Deem as mãos e caminhem juntas, abrindo-se para o amor e ousando parar a corrida para levantar quem estiver caído. Passe a olhar para o lado não mais para se comparar e competir, mas para dividir a vida e derramar do amor e da aceitação que você já recebeu da única fonte suprema de todo amor e aceitação que você mais precisa.

Encontrando espaços seguros de cura e restauração

Resolvi dar um primeiro passo para me abrir e ser vulnerável com uma conhecida que eu sabia ser uma pessoa segura. Aguardava apreensiva que ela respondesse minha mensagem. Pela primeira vez, resolvi mandar um áudio contando o quanto eu estava sofrendo e precisando de ajuda. Disse o quanto precisava ser recordada de que Deus era realmente bom e que estava realmente no controle. Precisava que ela me ajudasse a permanecer com Jesus. Ela havia dado o primeiro passo, perguntando-me como eu estava e se dispondo a orar por mim. Não nos conhecíamos há muito tempo, mas via nela um genuíno interesse na minha vida e uma grande paixão por Jesus. Será que ela esperava que eu levaria a sério a pergunta dela e não soltaria um simples "tá tudo bem", como de costume? Sempre fui muito reservada. Mesmo as melhores amigas que fiz na vida reclamavam que eu vivia no meu próprio mundo e que era muito difícil que alguém entrasse para me conhecer de verdade. Acreditava ser por conta da minha timidez e introspecção. Mas a verdade é que nunca me esforcei para me abrir genuinamente com ninguém, pelo menos não até aquele momento, porque tinha medo de que, se alguém me conhecesse de verdade, não permaneceria ao meu lado.

Ela me respondeu não muito depois e, com o coração na mão, ouvi a voz do outro lado de forma calma e amorosa dizendo: "Eu te entendo. Sinta-se abraçada, minha amiga. Eu também sinto tudo isso. Vamos seguir juntas até Jesus e com Jesus?" Foi como se um peso saísse dos meus ombros. *Ela também se sente assim! Não sou só eu!*

Depois desse dia, desabafos, pedidos e orações foram ficando mais constantes. Ao invés de guardar só para mim, eu compartilhava com ela, e sabia que a nossa amizade seria um espaço seguro de cura e restauração, no qual poderíamos compartilhar as dores e delícias de caminhar com Jesus nesse mundo corrompido depois do Éden. Nós fomos vivenciando juntas a cura uma da outra, à medida que nos dispusemos simplesmente a caminhar juntas enquanto caminhávamos com Jesus.

É um desafio enorme permitir que nos vejam por quem nós somos, com todas as nossas imperfeições e batalhas que ainda estão sendo travadas, porque isso requer que nos reconheçamos fracas e impotentes. Reconhecer que você não está dando conta de tudo e que precisa de ajuda é correr o risco de ser julgada. Mas admitir que você erra e tem dificuldades na vida para alguém que também se admite com erros e dificuldades na vida é libertador. Ainda mais libertador é quando vocês se lembram de quem seus olhos precisam estar mirando: Jesus.

O caminho com Jesus não foi feito para ser percorrido sozinha. Quando Cristo esteve entre nós, andou com doze pessoas e mostrou a elas, através do convívio, em meio aos momentos mais comuns da vida, em que Ele acreditava. Quando terminou o que tinha que fazer na sua primeira vinda, Jesus pediu para essas pessoas andarem com outras, ensinando-as, no caminhar junto, a guardar o que Ele disse.

O caminho de Jesus é um caminho em que o aprendizado, a cura e a transformação acontecem em meio ao relacionamento com o seu Espírito e com outros seguidores do caminho. É assim que Ele quer se relacionar conosco e nos transformar: no caminhar com Ele enquanto caminhamos com outros seguidores do caminho Dele.

Um pouco antes de ir para a cruz, em uma de suas últimas orações, Jesus pediu que o Pai tornasse seus aprendizes um só coração, como Ele era com o Pai. Não fomos feitos para ser indivíduos lutando para permanecer no caminho com Jesus. Ele mesmo orou para que fôssemos todos um e seguíssemos o Seu caminho juntos.

Desde o início da criação, o Criador já havia visto que não era bom que o homem estivesse sozinho. Geralmente lemos esse trecho aplicando-o somente ao casamento, mas ouso dizer que o Criador não queria que passássemos pela vida sem companhia de amizades profundas da alma que nos servem como espelho e recordação da bondade, generosidade e misericórdia do nosso Deus Criador.

O meu cantor preferido (que, por acaso, também é meu marido!) compôs uma canção antes de nos conhecermos, que dizia assim:

> *Eu me conheço mais*
> *Olhando pra você eu vou*
> *Descobrindo quem eu sou*
> *e vejo agora o que você vê*
> *O que me diz de mim?*
> *O que não reconheço sem você?*
> *Eu não me enxergo bem,*
> *se vivo a vida sem querer saber de mais ninguém.*
> *Pois não há bom proveito nos dias aqui,*
> *quando o coração anda distante, frio, triste e sem amar*
> *Em você eu tenho o que falta em mim,*
> *E descubro o que tenho de melhor para lhe oferecer.*[1]

Ele me garante que não escreveu essa música pensando em nenhuma ex-namorada. Não sei, não... Mas, se esse for realmente o caso, o que ele estava querendo dizer é que, nas nossas amizades e no nosso convívio uns com os outros, temos um tesouro que nos permite conhecer a nós mesmos com maior profundidade a partir do que o outro nos entrega.

Tem coisas em mim que eu não vou conseguir enxergar sem o outro. Quando damos um passo em direção ao outro, ficando vulneráveis e mostrando quem de fato somos, corremos o risco de essa pessoa sair correndo e fugir, mas também corremos o risco de ela ficar, se identificar e se tornar um lugar seguro para nosso coração descansar. E, quando ela fica, ganhamos aí um tesouro que valeu todo o risco.

Quando tentamos dar conta da vida toda sozinhas, sem contar com mais ninguém, perdemos a oportunidade de descobrir

---

[1] Trata-se da canção *Convívio*, do músico e compositor Paulo Nazareth. Disponível em: https://www.youtube.com/watch?v=mHSFr5MIDfg. Acesso em 20 jul. 2021.

a força que é ir com alguém pela vida. Quando seguimos juntas, os passos não são tão acelerados e talvez não cheguemos tão rápido quanto se fôssemos sozinhas. Também podemos correr o risco de ter decepções, traições, abandonos e rejeições no meio do caminho. Mas, em meio a todos esses riscos e contratempos, estamos também correndo o risco de encontrar alguém, nem que seja uma pessoa só, com quem compartilhar nossas lágrimas, lutas e anseios, e que nos diga: "Você não está sozinha. Eu também me sinto assim. Vamos carregar esse fardo juntas."

    Especialmente nós, mulheres, fomos criadas para estar em íntima conexão umas com as outras. Diferentemente dos homens, nós, "seres humanas", nos alimentamos da comunicação genuína de sentimentos e da troca de confidências. Nosso coração clama por alguém com quem possamos compartilhar o que estamos experimentando e sentindo na vida.

    Os homens, por mais que se esforcem para ser esse ouvido amigo, são programados de maneira diferente. (É só ver a direção que a conversa de um grupo de amigos e de um grupo de amigas segue depois de alguns poucos minutos. Certamente uma das meninas estará chorando ou contando coisas profundas do coração para as outras, enquanto os meninos estarão contando piadas ou falando de futebol.) Isso não quer dizer que homens não falam sobre sentimentos ou não têm conversas profundas uns com os outros... É só para reforçar que, quando o Pai nos criou e disse que não seria bom que estivéssemos sós, para além de encontrar alguém do sexo oposto para dividir a vida, existe também a necessidade de cultivar amizades verdadeiras.

    Na madrugada insone que citei no começo deste livro, eu estava morrendo de medo do futuro. Não tinha a quem me apegar, não me sentia segura, não me sentia amada, não me sentia forte e capaz de lidar com todas as demandas que a vida estava me trazendo. Mas, principalmente, eu me sentia sozinha. Em meio às minhas armaduras, estratégias para me proteger e falsas narrativas que cultivei durante tanto tempo, mantive todo mundo do lado de fora. Eu achava que essa seria a melhor forma de me proteger de ser abandonada, rejeitada, traída, decepcionada. Mas, na verdade, como já dizia o poeta: "Não há bom proveito nos dias aqui quando o coração anda distante, triste, frio e sem amar."

Precisamos cultivar amizades de alma. Amizades de alma são duas pessoas iguais que dão as mãos para caminhar juntas em meio à dor, ao sofrimento, à frustração, às alegrias e esperanças da vida. E elas geralmente nascem desses momentos em que uma pessoa diz para a outra: "Sério que você se sente assim?! Eu também!"

O bom amigo vale o risco. As amizades de alma vão nos sustentar e fortalecer no caminho enquanto enfrentamos as aflições de viver fora do Éden. As amizades de alma, que partilham da mesma fé e esperança, afiam uma à outra no amor. Existe força em se reconhecer fraca e precisar de ajuda para continuar a caminhar. Por isso, vale a pena dar um primeiro passo de vulnerabilidade e perguntar para alguma amiga com a mesma fé: "Estaria disposta a ser minha amiga de alma? Um espaço seguro para minha alma chorar e renovar a fé e a esperança no amor de Jesus? Você poderia ser para mim um meio de Jesus me relembrar da sua boa notícia enquanto eu sou para você também essa pessoa?" Assim, juntas, poderemos ser meios de Jesus renovar a força e esperança uma da outra enquanto caminhamos com Jesus e até Jesus.

No caminho do amor com Jesus, podemos deixar de nos comparar com as pessoas ao nosso redor e de tentar competir com elas para provar nosso valor. Em vez disso, podemos nos abrir e mostrar nossas imperfeições, compartilhando as dores e as delícias do caminhar. Ao nos tornarmos vulneráveis, podemos encontrar amigas da alma. Quando nos arriscamos a abrir nossos corações para alguém seguro, estamos treinando a nossa alma a ter uma postura de humildade e vulnerabilidade necessária para recebermos a força de Jesus e continuarmos no seu caminho, mesmo em meio aos momentos mais difíceis da vida no lado de cá da eternidade.

Quando encontramos uma amiga da alma, confiando-lhe nossa escuridão e recebendo dela graça e compaixão, estamos renovando a esperança da nossa alma e nossa confiança no nosso Pai, que também nos oferecerá graça e compaixão sempre que precisarmos recomeçar.

Não conseguimos ser fortes sozinhas; só podemos permanecer livres, leves e fortes se estivermos juntas. O caminho do amor neste mundo corrompido depois do Éden, enquanto nosso Deus Criador não termina a obra de restauração que Ele começou, não será um caminho fácil, mas com certeza será um pouco mais leve e corajoso se tivermos ao nosso lado alguém disposto a caminhar com a gente.

07

Perca o controle

(e abrace o desconforto de "não saber")

Não muito tempo antes daquela madrugada ansiosa, em outra noite agitada, eu tentava acalmar meu filhinho que não conseguia voltar a dormir. Enquanto o embalava em meus braços, encarei um pequeno rasgo no papel de parede que aparecia por trás de uma cômoda com puxadores de coração. O rasgo escondido atrás daquela cômoda me fez perceber outra mentira que havia carregado durante toda a minha vida.

Fomos eu e meu marido que colocamos aquele papel de parede ali. Era a segunda vez que tentávamos essa proeza sozinhos. A primeira, logo que nos casamos, resultou também na nossa primeira briga (ainda bem que o apartamento de um quarto e não mais que 40 metros quadrados não permitiu que ficássemos sem nos falar por muito tempo!). Dessa vez, optamos por colocá-lo nós mesmos, por um misto de vontade de economizar dinheiro, curtir cada detalhe da preparação do quartinho do nosso primogênito e redimir nossa primeira experiência.

Grávida de quase nove meses, eu segurava a ponta de baixo do papel de parede enquanto meu marido tentava tirar cada uma das pequenas bolhas de ar que se formavam. Calculamos tudo milimetricamente, com toda a nossa capacidade de pessoas formadas na área de Humanas, e acho que você pode imaginar como ficou, né? Todo remendado e cheio de bolhas. Na hora, levamos na esportiva e rimos (melhor do que brigar, não é mesmo?!). Mas toda vez que eu passava pela porta do quarto e via aquele papel de parede todo remendado, me lembrava de quão despreparada eu estava para que um neném dormisse ali dentro.

Procurava maneiras de cobrir aquelas imperfeições, quando me veio à mente a velha cômoda de puxadores em formato de coração, que estava encostada na casa dos meus pais. Aquela havia sido a cômoda que serviu de apoio para que minhas fraldas fossem trocadas quando era bebê e acompanhou toda a minha vida como parte da decoração do meu quarto. Seria perfeita! Trouxemos a cômoda da casa dos meus pais até a nossa casa no nosso próprio carro e, com muitas dores nas costas e na cabeça, conseguimos colocá-la dentro do quarto. Pronto! Assim ninguém veria nosso desleixo.

Enquanto enchia as gavetas com roupinhas do meu filho, sentia um cheirinho que não me era estranho. Não, não era cheiro de neném, nem de sabão de coco. Era um cheiro que me levava a um sentimento que me trazia conforto e alívio. Um sentimento que se tornou familiar para mim com o passar dos anos. Um sentimento do qual enchi cada uma daquelas gavetas no decorrer da minha vida: o doce aroma de sentir que tudo iria bem, contanto que eu acreditasse estar com tudo sob meu controle.

Se eu não me engano, tinha 7 anos quando senti esse cheiro pela primeira vez. Era um pouco antes de a minha irmã mais nova nascer e havíamos acabado de nos mudar de apartamento. Eu finalmente tinha um quarto só pra mim. Não lembro ao certo o porquê, mas estava de castigo nesse quarto. Chorava copiosamente querendo entender por que me sentia tão incapaz de ser aceita, valorizada e amada pelos meus pais como eu tanto desejava. Eu me sentia impotente encarando essa mesma cômoda branca de puxadores de coração.

Para me acalmar do choro, levantei e decidi que iria arrumar meu quarto até que estivesse tudo perfeito. Peguei todas as bonecas do chão, penteei seus cabelos uma a uma e as vesti com suas melhores roupas. Coloquei-as perfeitamente na casinha de bonecas. Tirei todas as roupas da cômoda e as dobrei, colocando-as arrumadinhas novamente nas gavetas. Depois, estiquei a colcha da cama até que estivesse perfeitamente sem uma ruga sequer. Escolhi minha melhor roupa, meu melhor sapato e os vesti também. Olhei no espelho e gostei do que vi. Senti um cheiro de frescor e meu coração passou a bater em um ritmo mais calmo. Tudo estava sob controle e aquilo me dava uma sensação deliciosa. Eu sentia que eu conseguiria lidar com qualquer situação, contanto que achasse um jeito de controlá-la e organizá-la.

Desde então, não me lembro de um dia sequer sem que eu tenha buscado de novo essa sensação boa de me sentir no controle das situações da minha vida. É uma sensação viciante de frescor e limpeza de mente que muito se assemelha com leveza, mas não é. O controle não limpa gavetas, só guarda tudo ainda dentro de nós, mesmo que de forma mais organizada. O problema é que chega uma hora em que não há mais gavetas na mente e no coração para organizar e controlar tudo e todos ao nosso redor. Ficamos cada dia mais pesadas, mesmo que mais organizadas. Acumulamos para nós mesmas tarefas que poderiam ser compartilhadas com outras pessoas.

Como eu gostaria de poder abraçar aquela menininha e contar para ela aonde esse caminho a levaria! Eu não tinha consciência naquele momento, mas estava acreditando em outra das mentiras nas quais os primeiros seres humanos acreditaram e que os conduziram a se rebelar contra o Criador. Além de fazê-los desconfiar da bondade do Criador, o inimigo tentou convencê-los de que manter o controle das suas vidas nas próprias mãos era mais seguro do que nas Dele. E eles caíram nessa cilada.

Eu também confiei no controle e tive fé de que ele me livraria de todo mal, amém. Aquele rasgo no papel de parede tentando ser escondido pela cômoda era a representação da mentira em que acreditei: para lidar com as bolhas e os remendos de uma vida imperfeita, precisava encontrar um jeito de organizar, controlar e guardar a minha insegurança a sete chaves em alguma gaveta do coração. Mas nós já vimos que essa mentira de que manter tudo sob nosso controle é o caminho para estarmos a salvo; ela só nos leva ao desespero sufocante de uma madrugada ansiosa, não é mesmo?

Não fomos feitas para estar no controle das nossas vidas

O Criador, que é amor, criou um mundo perfeito e colocou em nós, seres humanos, a sua essência. Fomos criadas a partir do amor para amá-lo, sermos amadas por Ele e transbordar amor para quem estivesse ao nosso redor. Ele nos colocou no seu mundo perfeito, com uma responsabilidade: cuidar, guardar e governar a sua boa e agradável criação, sendo seus representantes no mundo criado. Para que o ser humano desse conta dessa responsabilidade, o Criador se doava como fonte de proteção, sabedoria, sustento e amor.

Deveríamos governar, guardar e cuidar do mundo criado a partir de um relacionamento íntimo, profundo e constante com Ele, fonte de todo amor e sabedoria. Ele seria nosso guia e nós seríamos responsáveis por conduzir o rumo da criação por meio da sabedoria que Ele nos daria.

Como é importante ressaltar que nós, seres humanos, fomos criados para ser responsáveis! Mas não responsáveis por dar a direção da nossa vida. Em nossa condição corrompida depois do Éden, confundimos *responsabilidade* com *autonomia* e *controle* da própria vida. Mas, na verdade, responsabilidade é ter a habilidade de responder adequadamente ao que lhe é confiado. O Criador confiou na humanidade como responsável pelo governo e cuidado da criação. Ele nos confiou uma missão e nos deu a si mesmo como fonte de sabedoria para cumpri-la. Qual a maneira mais adequada de responder a essa confiança, ou, em outras palavras, exercer bem a responsabilidade que nos foi dada? Buscando saber a vontade Dele e escolher segui-la. Ser responsável é escolher prestar atenção à vontade do Criador e responder de maneira positiva ao que Ele nos diz.

Mas Ele não nos fez como máquinas programadas para amá-lo, dar ouvidos a Ele e confiar Nele! Ele nos criou com responsabilidade, mas também com liberdade. O Criador fez os primeiros seres humanos com poder de escolha. Eles poderiam escolher se manter em um relacionamento de respeito, amor, dependência e reverência com o Criador, mas também poderiam escolher não permanecer nesse relacionamento. O caminho do amor sempre pressupõe a liberdade de deixar que o ser amado tenha escolha de te rejeitar e abandonar.

O Criador garantiu que tivéssemos a liberdade de escolher manter nosso relacionamento com Ele ao colocar uma árvore bem no centro do jardim, da qual o fruto não deveria ser comido. Essa árvore permanecer intocada seria o símbolo da relação de amor dos humanos com o Criador. Enquanto os seres humanos não comessem da árvore, estariam declarando sua lealdade ao Criador e sua plena confiança de que Ele, como fonte de todo conhecimento, bondade e amor, iria orientá-los no caminho que deveriam seguir para completar a missão que lhes foi confiada.

Mas, como já vimos, homem e mulher deram ouvidos ao inimigo do Criador, que os fez duvidar do caráter, da bondade e da generosidade de Deus. Esse inimigo plantou no coração da humanidade a semente da desconfiança. Será que Deus estava escondendo algo? Será que Deus tinha mesmo o melhor dos interesses em mente? Homem e mulher comeram da árvore e quebraram a aliança com o Criador.

A partir do momento em que homem e mulher comeram da árvore, além do medo, da vergonha, da culpa e da desconfiança que se instalaram em seus corações, também se instalou o mal, o egoísmo, o orgulho e a cobiça. A boa criação passou a ser governada por seres humanos corrompidos que sentem vergonha, medo, culpa e desconfiança, mas que também são orgulhosos e cobiçam o controle, querendo que tudo seja feito à sua maneira.

Ao contrário do que o inimigo os enganou a acreditar, a vida sem Deus não era melhor do que a vida com Deus. A vida fora do Éden, tendo agora o controle em suas mãos, era dura. A liberdade de ser igual a Deus não era tão livre assim agora que os seres humanos eram escravos de si mesmos e do pecado.

A liberdade de abrir mão do controle

Eu e você também comemos diariamente desse mesmo fruto. Queremos decidir e ter controle sobre os próximos passos das nossas vidas, porque o "não saber" é desconfortável e angustiante demais. E esse "não saber" é angustiante porque, no fundo, também desconfiamos de que o Deus Criador não quer o nosso bem e está nos enganando. Mas, além disso, no fundo da nossa alma reside o orgulho e a cobiça que nos impedem de nos render e simplesmente descansar no fato de não estarmos no controle. Não nos deixamos levar por Ele porque, no fundo, achamos que Ele não vai nos levar para a plena satisfação que tanto desejamos. Mas também porque nosso orgulho nos faz acreditar que sabemos mais do que Ele. Não encontramos descanso no "não saber" qual é o próximo passo, porque não confiamos em quem nos guia e não queremos admitir que o controle não deve estar nas nossas mãos.

Essa vontade de ter o controle e assumir a posição de Deus está impregnada no fundo da nossa mente e do nosso coração, como parte da humanidade rebelde e corrompida. Basta olhar para um lindo ser humano bebê e perceber que ninguém precisa ensiná-lo a dizer mais "não" do que "sim" às diretrizes amorosas dos seus pais, que querem protegê-lo e guiá-lo por um bom caminho.

Depois do Éden, todas nós temos uma relutância quanto a quaisquer diretrizes externas. Desconfiamos que estejam ferindo nossa liberdade e ameaçando nosso controle e autonomia. Direções que não tenham vindo de nós mesmas mais parecem restrições a uma vida de liberdade do que um caminho para a verdadeira satisfação da nossa alma. Somos seres que assumimos para nós mesmas o lugar do Criador de decidir o que é bom e ruim; vemos tudo aquilo que nos limita como ameaça a essa "liberdade" de ser donas do nosso próprio destino. Porém, a verdadeira liberdade está em viver condizentes com aquilo que fomos criadas para ser.

Basta olhar para a própria natureza: se um pinguim resolvesse que agora queria ser um elefante, seria mais livre do que se descobrisse o que o seu Criador o criou para ser e escolher seguir essas diretrizes? Ou então, se o pinguim decidisse que agora queria voar, e não mais só nadar e andar, ele seria mais livre do que se ele se "restringisse" a fazer aquilo para o qual foi criado? Um pinguim é mais livre quando assume a "liberdade" de ser o que ele quiser ser, ou quando segue as diretrizes dadas por Aquele que o criou e sabe o que significa ser um pinguim? Ser livre é não ter restrições ou é conhecer o seu lugar e escolher ocupá-lo?

Grande parte do nosso sofrimento como seres humanos está no fato de relutarmos em ocupar o nosso devido lugar na criação: um pouco abaixo de Deus e um pouco acima das outras criaturas. Desconfiamos de que as diretrizes de Deus não nos conduzirão à vida de liberdade, leveza e força que desejamos. Confundimos a autoridade e reverência devida ao Criador com tirania e autoritarismo. Cobiçamos o trono do Criador e confundimos a responsabilidade que Ele nos deu sobre a criação com a necessidade de termos total controle e autonomia sobre tudo. Como seres criados para estar abaixo do Criador, mas, ainda assim, em um relacionamento de amor com Ele, nós escolhemos não nos submeter a essa posição; desde então, passamos a viver de forma desumana – porque o lugar mais humano para se estar é debaixo do cuidado e da vontade Daquele que te criou.

O problema é que, quando nós, que não temos toda a sabedoria necessária para estar no controle, assumimos essa posição... acabamos nos desgastando, sobrecarregando, cansando e frustrando. Mas, quando abrimos a porta para Jesus, Ele nos reveste com sua identidade e seu poder para confiar no Deus Criador como Ele confia. Ele nos ensina a ser humanas de verdade, permanecendo debaixo do cuidado e da orientação do Mestre. Ele nos convida a desfrutar da liberdade de exercer nossa responsabilidade de maneira adequada. Jesus nos ensina a liberdade de perder o controle e voltar ao nosso estado original de "não saber", mas ainda assim confiar e conseguir descansar na bondade e generosidade do Criador.

Abraçando o desconforto de "não saber"

Aquela madrugada insone com meu filhinho não foi a única. Desde que ele nasceu, reluta em se render ao sono com facilidade. Quando procurei respostas em livros sobre sono infantil, descobri que um dos motivos de bebês não quererem pegar no sono é a falta de "controle" que o sono lhes dá. Quando se rendem ao sono, não sabem para onde ele os levará ou se voltarão a acordar depois de "se entregar".

Descansar é amedrontador para quem quer se manter no controle. Descansar é se render ao desconhecido e se tornar vulnerável, confiando que, após ter perdido o controle, a luz retornará por entre suas pálpebras e a vida continuará. Descansar é abrir mão de controlar; é aprender a confiar. Mas, para confiar, é preciso antes conhecer, provar e comprovar que algo ou alguém é confiável. Para abrir mão do controle, é preciso assumir uma posição de humildade e mansidão.

Para os meus filhinhos aprenderem a dormir, era preciso que eles fossem humildes o suficiente para experimentar o sono e comprovar que ele não lhes faria mal. Eles precisavam conhecer o que era se entregar ao sono, provar o quão bom é dormir e comprovar que dormir é algo positivo, não negativo para eles. Meus filhos precisavam aprender que valia a pena abrir mão do seu controle para o sono, pois lhes faria bem, não mal.

Da mesma forma, eu e você fomos criadas para descansar na certeza de que podemos abrir mão do nosso controle para o Criador, pois Ele nos conduzirá para o bem, não para o mal. O "não saber" e o "não ter controle" são posições extremamente desconfortáveis de estar, mas, quando confiamos em quem tem o controle, descansar fica mais fácil. Assumir uma posição de humildade fará nossa impostora gritar em protesto, mas a rendição é o caminho para a verdadeira liberdade.

Para nos relacionarmos com o Criador e experimentarmos a vida livre, leve e forte que Ele nos promete, precisamos perder o controle para Ele, abraçar o desconforto de "não saber" o próximo passo a ser dado e descansar. Para permanecer nessa posição de falta de controle e ainda assim experimentar descanso, devemos diariamente escolher amansar nosso coração e, com humildade, aceitar e confiar plenamente na autoridade e direção do Criador para nossa vida.

Viver uma vida de rendição, descanso e submissão da sua vontade ao Deus Criador, confiando Nele como fonte de sabedoria e amor para a vida, pode causar calafrios para muitas pessoas em nossos tempos. Eu sei que palavras como *rendição* e *submissão* nos remetem a imagens de pessoas derrotadas, abusadas e infelizes. Quando pensamos em alguém que se rende, logo imaginamos alguém derrotado. Uma pessoa submissa é alguém que é abusada e tratada como capacho. Mas isso se dá por vivemos em meio à desconfiança com relação ao caráter e caminho do Criador de volta para a vida livre, leve e forte, lembra-se? Essa desconfiança causada por nossas mentes e nossos corações corrompidos nubla nossos olhos para a verdade eterna de que rendição é o ponto de partida para a liberdade, submissão é a forma de encontrar leveza, e devoção a Ele é o caminho para a força.

Eu sei, isso em nada se assemelha com o que os nossos tempos dizem ser os meios para ser livre, leve e forte. Em nossos tempos, liberdade tem a ver com autonomia, fazer o que bem quiser, tomar decisões de acordo com o que seu coração mandar e contar com seu autoconhecimento para discernir o seu propósito. Ser leve é se preocupar com seu autocuidado, e não carregar pesos que os outros coloquem nas suas costas. Ser forte é acreditar em si mesma e lutar pelo que você acredita.

Outra coisa bem diferente é o caminho que Jesus nos convida a trilhar, que é viver continuamente na presença do Deus Pai, rendendo o controle das nossas vidas a Ele, colocando todos os nossos pressupostos diante Dele, deixando que nos revele sua vontade e submetendo a nossa vontade à Dele, com obediência e devoção. Jesus nos convida a viver como Ele viveu diante do Pai. Em uma posição de humildade empoderada pelo amor e pela provisão do Criador, prestando atenção no Pai e fazendo somente aquilo que Ele lhe ordenava.

Pode ser que você seja uma dessas pessoas que se arrepia só de pensar em se render, submeter e devotar a sua vida ao Deus

Criador. Eu quero te dar a mão e dizer: "Está tudo bem! Todas nós temos medo de Deus." Mas tememos a Deus pelos motivos errados! Por conta de desconfiança, medo, vergonha e culpas inerentes, nós achamos que Ele vai nos punir e castigar se chegarmos muito perto.

Podemos achar também que Ele não passa de um tirano cruel que quer nos escravizar para o seu bel-prazer. Mas, por conta do filho amado que levou sobre si toda a punição por nós, podemos ter a certeza de que Ele não é cruel, mas extremamente misericordioso e generoso. Por conta de Jesus, podemos nos achegar com coragem ao trono do Criador e somente receber graça e misericórdia. O Deus Criador não está mais bravo com você; Ele quer te adotar como filha amada Dele, de quem Ele se agrada e a quem nunca mais vai punir. Ele quer estar no controle e te dar descanso de tentar adivinhar e determinar o que é melhor para sua vida.

Quando "perdemos" o controle para o Deus Criador, Pai de Jesus, não estamos perdendo o controle para alguém que vai nos privar de uma vida de satisfação, mas para o único que sabe como nos satisfazer de verdade. Perder o controle das nossas vidas para Ele é, na verdade, a melhor coisa que pode nos acontecer. Só quando "perdemos" o controle para Ele é que podemos desfrutar do descanso e da satisfação que nossa alma tanto anseia.

Para viver a vida livre, leve e forte para a qual fomos criadas, precisamos nos render de volta à direção do nosso Criador, nos colocando novamente, com humildade e mansidão, debaixo da autoridade Dele. Precisamos voltar a acreditar que só Ele pode saber o que é de fato bom e ruim pra nós.

Para descansar, precisamos confiar que não há ninguém melhor para decidir e nos conduzir para a vida de verdade, senão Ele. Precisamos acreditar que o que Ele tem para nós é melhor do que o que nós mesmas conseguimos garantir com nosso próprio entendimento, esforço e estratégias. Precisamos admitir que o caminho de seguir o nosso próprio discernimento sem ouvir a voz do Criador nos leva a uma vida de sobrecarga e pressão. O desconforto de "não saber" e de perder o controle das nossas próprias vidas só pode ser abraçado quando nos sentimos confortadas no colo do Deus Criador, que nos amou até a morte, nos adotou como filhas e quer nos guiar para a vida de verdade, que nunca mais terá fim. Quando abraçamos o desconforto de não saber o próximo passo por confiarmos em quem nos guia, aliviamos a pressão e nos libertamos do peso de termos que definir nosso destino e como chegar lá.

As verdadeiras liberdade e leveza encontram-se no descanso que só o humilhar-se, render-se e confiar no caráter bom e amoroso do Deus Criador pode dar. Você pode não saber qual é a próxima curva que Ele vai fazer e ainda assim descansar ao desfrutar da presença e companhia Dele ao longo do caminho. Ele é fiel e está te conduzindo às águas eternas tranquilas, mesmo que no meio do caminho haja curvas inesperadas, vales escuros e desertos. Mesmo que algumas partes do caminho sejam duras e você não consiga perceber que Ele está com você. A Sua bondade e fidelidade ainda estão te acompanhando, e Ele ainda está no controle. Aceite a liberdade de perder o controle e abrace o desconforto de não saber como, mas ainda assim crer que tudo vai bem, pois você confia plenamente em quem tem o controle nas mãos!

08

Siga com quem sabe o caminho

(e descubra a leveza de se deixar ser conduzida)

Estávamos no carro, só eu e meus dois filhos, indo em direção à apresentação de Dia das Mães na escola do mais velho (sim, a mesma de alguns capítulos anteriores!). A fim de chegar às dez horas da manhã (como mãe prevenida de dois menores de 3 anos), saí de casa às nove, mesmo que a escola fique somente a quinze minutos de casa). *Quem sabe eles não dormem no caminho, eu paro o carro e tenho um tempinho pra mim antes da apresentação?* Ah! Crie unicórnios, mas não crie expectativas! O que aconteceu? Assim que saí de casa, o mais novo dormiu, como esperava... mas o mais velho não pregou o olho. Quando estávamos a um quarteirão da escola, tive a brilhante ideia de virar uma esquina que não era parte do trajeto com o qual estávamos acostumados. Eu pensei em dar uma volta a mais e ver se meu filho mais velho também era picado pelo bichinho do sono que mora dentro dos carros.

Só que, assim que fiz a curva, ele começou a chorar copiosamente. "Mamãe, esse não é o jeito de ir pra escola!!!" Tentei acalmá-lo... "Filho, tá tudo bem. Você está com a mamãe. Não existe só um jeito de chegar na escola. Estou te levando, você pode descansar."

Não adiantou. Ele só se acalmou quando viu o portão da escola. Frustrada, peguei o que dormia no colo, dei a mão para o mais velho e fiquei esperando meia hora na frente da escola até a hora da apresentação chegar. Essa meia hora foi tempo suficiente para ouvir o meu Pai também sussurrando para mim: "Filhinha, tá tudo bem. Não existe só um jeito de estar comigo."

Como mãe de dois filhos pequenos, não conseguia mais me encontrar com Deus da mesma forma que antes. Durante a minha adolescência, como ser introspectiva que sou, criei o gosto por passar a primeira hora das minhas manhãs em silêncio, oração e leitura na presença de Deus. Só que, agora, aos meus quase 30 anos e com dois filhos, não tinha mais silêncio disponível, muito menos tempo ou espaço para ficar a sós.

O jeito como havia me acostumado a ouvi-lo e segui-lo não estava mais "funcionando" na minha nova dinâmica de vida. Por não conseguir mais ter meu encontro com Ele nos mesmos moldes, achava que seria uma época em que Ele não falaria e eu não conseguiria escutá-lo como antes.

Mas lá estava Ele, em meio ao caos da minha rotina de mãe de duas crianças pequenas, sussurrando em meu ouvido e se fazendo presente. "A vida faz curvas inesperadas, as coisas saem do lugar, mas eu continuo com você. O trajeto é diferente, a forma de nos falarmos também será, mas eu continuo te levando. Pode descansar."

Somos seres que se apegam a hábitos, ritmos e rotinas para viver. Esses moldes nos dão segurança e criam um espaço mental para que não precisemos tomar decisões do que fazer a cada minuto do nosso dia. Você pode não ter intencionalmente escolhido os hábitos, os ritmos e as rotinas da sua vida. Mas você certamente os tem.

Meu filhinho havia se habituado com o trajeto que seguíamos religiosamente todos os dias para chegar à escola; quando viu esse trajeto ser mudado, sua reação foi sentir medo. Algo havia saído do lugar e tirado a segurança que ele sentia por estar fazendo as mesmas coisas, do mesmo jeito de sempre. Uma armadilha que nos impede de continuar caminhando livres, leves e fortes no caminho de Jesus é acharmos que existe determinado jeito de nos encontrar com Ele. Confundimos o caminhar com Jesus com uma sequência de rituais e práticas que seguimos religiosamente, como ir à igreja, ler a Bíblia, orar etc.

Criamos compartimentos e separamos os momentos da nossa vida entre aqueles que passamos com Ele e os menos "espirituais", quando estamos tentando lembrar e imitar o que Ele nos disse quando estávamos juntos. Parece que existe um único jeito, dia e momento de estar com Jesus e, ao virarmos uma esquina diferente, Ele não está mais por perto. Todas essas práticas "espirituais" fazem parte do caminhar com Jesus, mas não são o caminho. Elas são meios de nos relacionarmos com Ele, mas não são os únicos jeitos de estar com Ele. Criar um hábito de vivê-las diariamente sempre da mesma forma nos ajuda a ser constantes e intencionais no nosso relacionamento com Ele. Mas, quando só conseguimos encontrá-lo nessa forma que criamos para nos relacionar com Ele, em determinado lugar, fazendo determinadas ações, não estamos mais nos relacionando com uma pessoa, mas seguindo um ritual vazio.

Jesus não está com a gente somente quando fazemos "coisas espirituais". Ele fez morada em você e está com você em todo o tempo. Seguir o caminho de Jesus não tem a ver com uma série de regras, práticas e rituais que fazemos em determinados momentos do dia, ou dias, da semana, mas é sobre nos relacionar com Ele a cada passo do nosso caminhar, seja onde for, fazendo o que for. Jesus está nos rituais, mas também está em meio aos momentos mais caóticos do seu dia.

Todos os instantes da nossa vida são momentos espirituais, pois são vividos na presença de Jesus. Disciplinas, rituais, mandamentos e práticas não valem de nada em si mesmos. Não são o caminho de Jesus. Jesus não nos deixou uma religião para seguir. Ele não é um bom mestre distante que deixou uma série de regras enquanto não volta. Ele não é um guru que nos deixou uma série de rituais para praticar a fim de sermos iluminados espiritualmente. Ele não nos chama a obedecer algo que deixou para seguirmos.

Ele não nos deixou sozinhos. Ele nos chama a nos relacionar com seu Santo Espírito e contar com a sua presença e poder nos capacitando a obedecê-lo em cada mínimo instante da vida. Ele está *aqui-e-agora* e se relaciona com a gente, seja nos momentos espirituais, seja nos banais. O caminho de Jesus não é só sobre seguir alguém e suas ideias, mas também sobre seguir *com* alguém, que está vivo e presente com você. Depois de perder o controle para Ele, precisamos revisar as pré-concepções que criamos sobre o jeito "certo" de seguir com Jesus na direção à qual o Pai nos chama.

(Re)aprendendo o caminho de Jesus

Nasci dentro de um contexto cristão e minha conversão se iniciou aos meus 7 anos. (Digo que se iniciou porque sei que ainda estou em processo de conversão. Na verdade, todas nós estamos em processo de conversão enquanto estivermos neste mundo corrompido depois do Éden. A nossa conversão dura toda a nossa vida, pois estamos continuamente nos convertendo dos antigos caminhos e reorientando a rota para continuar no caminho com Jesus.)

Lembro-me do dia específico em que "aceitei Jesus no meu coração", aos 7 anos. Era um domingo de Páscoa; as crianças saíam na hora em que o pregador do dia subia ao púlpito, e desciam por uma escadinha apertada que levava para o andar inferior do templo, onde ficavam as salas do ministério infantil.

Antes de irmos para nossas salinhas, sentávamos em cadeirinhas e cantávamos musiquinhas: "O coração do menino e da menina que têm Jesus é diferente/ Não é triste, nem zangado, aborrecido ou assustado/ Mas é feliz e sorridente!/ Cuidado, boquinha, com o que fala/ O Papai do céu está olhando pra você!/ Cuidado, boquinha, com o que fala!" Depois, cada um ia para a classe apropriada à sua idade...

Quando cheguei à minha sala, lembro de notar a figura de um Jesus ensanguentado, pregado a uma cruz sobre um fundo de flanela verde. A professora começou a história nos dizendo: "Jesus morreu para te perdoar dos seus pecados." Aquilo bateu forte no meu pequeno coração e o primeiro pensamento que me veio à mente foi: *Mas por que Ele se daria a todo esse trabalho só para me perdoar? Ele não poderia ter simplesmente falado: "Tá tudo bem, vocês estão perdoados, vamos começar de novo"? Por que Ele precisou morrer?*

Como se estivesse lendo meus pensamentos, a professora continuou: "Ele fez isso porque Ele te ama e porque alguém tinha que pagar o preço do pecado com a morte, para aplacar a ira de Deus. Então Ele morreu no seu lugar para que você pudesse viver para sempre com Ele, depois que você morrer."

OK. Entendi... Deus é bravo, mas me ama. Se eu aceitar que Jesus morreu no meu lugar, vou para o Céu com Ele quando eu morrer. Parece um bom plano, não custa nada aceitá-lo. "Alguém quer aceitar Jesus no seu coração?" Levantei a mãozinha e repeti cada frase da oração que a professora fez. Pronto, eu havia aceitado o *ticket* de Jesus para o Céu depois que eu morresse; podia ficar tranquila com relação a não ir mais para o inferno. E agora, Jesus? Como eu deveria viver como alguém que te aceitou no meu coração?

Vamos adiante na história: eu, com 12 anos, estava lendo "de verdade" a Bíblia pela primeira vez (sabe aquela sem figuras, só com texto e com histórias que não foram peneiradas para tirar as partes assustadoras e esquisitas?). Agora que fazia parte da sala dos adolescentes, eu tinha uma pessoa mais velha me acompanhando de perto e ensinando a ler a Bíblia sozinha (na verdade, era uma jovem de 18 anos, mas que, para uma menina de 12, parecia alguém extremamente madura!). Ela me orientou a separar um momento específico do meu dia para ler um trecho da Bíblia e orar pedindo que Deus me abençoasse.

Comecei pelos evangelhos e, enquanto lia as palavras de Jesus, tentava anotar o que Ele pedia que eu fizesse como alguém que o aceitou no coração: perdoar quem me ofende; amar meu inimigo; dar a outra face quando me baterem; nem pensar em ter raiva do meu irmão; não amar mais o dinheiro do que Deus; guardar os seus mandamentos; não julgar as pessoas; amar a Deus sobre todas as coisas; não cobiçar as coisas das outras pessoas; viver de maneira diferente das outras pessoas; ajudar quem precisa; não me preocupar com coisas como comida ou roupa; contar para outras pessoas sobre Ele; dar bom testemunho tendo uma vida certinha; buscar primeiro o Reino de Deus; orar; pedir pra Ele o que eu preciso etc.

OK. Entendi que agora eu tenho que me esforçar para seguir essas regras enquanto Ele não volta (ou eu não morro) e vou para o Céu. Anotado. Vou tentar imitar Jesus. Em troca, Ele vai me levar para o Céu depois da morte e, enquanto eu vivo, vai me dar uma boa vida abençoada. Afinal de contas, sendo uma boa menina, vou merecer uma boa vida, não é mesmo?

Hoje, olhando para trás, percebo que dos 7 aos 12 anos eu havia me convertido ao evangelho da minha salvação pessoal. Eu "aceitei Jesus no coração" em troca de um *ticket* para o Céu depois que eu morresse. Enquanto isso, minha motivação para obedecer aos ensinamentos Dele era receber em troca sua bênção e proteção. O evangelho da salvação pessoal em que eu cri dos meus 7 aos 12 anos me conduziu à religião do esforço próprio para cumprir uma lista de regras, conquistar a aprovação de Deus e receber de volta uma vida boa e abençoada.

Mas esse evangelho estava incompleto: ele também era uma meia-verdade na qual eu acreditei e que me conduziu ao peso e à pressão de uma vida tentando alcançar um padrão inalcançável através do controle e da performance. No evangelho incompleto da salvação pessoal, Deus é uma divindade brava; Jesus é um mestre bom, mas distante, que nos deixou regras boas para seguirmos, mas impossíveis de cumprir pelo nosso próprio esforço.

Durante os anos seguintes, separei um tempo quase diário para ler alguma breve reflexão devocional e um trecho da Bíblia sobre algum tema que me interessasse no momento; escrevia minhas orações em um caderno, sempre recheadas de pedidos (tanto de perdão quanto de vontades); ia à igreja todo domingo; participava dos eventos da igreja para pessoas da minha idade; lia livros "espirituais"; dava meu dízimo; tentava viver uma vida boa e honesta de segunda a sexta; servia outras pessoas com trabalho voluntário tanto dentro da igreja quanto fora e fazia doações.

Procurei ser uma boa filha e amiga, tentando dar um "bom testemunho". Esperava que assim tivesse a oportunidade de contar para alguém sobre Jesus. Porque, afinal de contas, quem não gostaria de aceitar Jesus também e ir para o Céu ao invés de ir para o inferno depois que morrer? Além de que, com certeza, Deus ficaria ainda mais feliz comigo se conseguisse convencer outras pessoas a irem para o Céu também (e isso resultaria em uma vida ainda mais abençoada para mim!).

Mas me faltava algo. Esse jeito de viver não estava me levando à vida plena, leve e abundante que Ele tinha dito que eu teria quando o seguisse. Muito menos me parecia um caminho suave, como Ele disse que seria. Eu estava ficando cansada e sobrecarregada. Sentia que Jesus havia deixado um padrão alto para que eu tentasse imitar. E... posso confessar? Quando olhava ao meu redor, via que muitas das pessoas que se esforçavam tanto para seguir as regras Dele não pareciam tão felizes e realizadas quanto aquelas que não estavam nem aí para o caminho Dele.

Olhava para o lado e via as pessoas que não seguiam a Jesus aparentemente mais felizes do que aquelas que se diziam seguidoras de Jesus, e que tinham vidas cheias de penitências, sacrifícios e regras que postergavam sua satisfação para um Céu fora daqui, em que viveriam como anjos em nuvens tocando harpas (Posso confessar outra coisa? Essa ideia de uma vida eterna em cima de nuvens tocando harpas nunca me pareceu tão maravilhosa assim...).

As regras de Jesus não estavam me conduzindo a uma vida "feliz" como eu imaginava, pelo menos não nos critérios que eu estava medindo. Estavam faltando peças nessa mensagem do evangelho. Esse jeito de seguir a Jesus com o qual eu tinha me habituado não estava dando os frutos que Ele prometeu.

Ainda adolescente, li um livro de Phillip Yancey chamado *Maravilhosa graça*, que me despertou para a realidade do amor inesgotável de Deus oferecido de graça em Jesus para mim. Lembro do quão impactante foi compreender que Jesus não veio só para me resgatar do inferno, mas para que eu pudesse ter Deus como Pai e ser completamente amada por Ele! Esse foi o momento em que o evangelho da salvação pessoal ganhou uma nova dimensão para mim. De repente, a figura de um Deus bravo foi dando lugar à imagem de um Pai amoroso. O evangelho foi tendo novas nuanças, novos traços de graça, leveza e amor. Havia me convertido ao evangelho da graça do Pai. Depois dessa nova compreensão, a minha caminhada com o Criador ficou mais prazerosa e um pouco mais leve, mas eu ainda queria "agradecê-lo" por meio de um bom comportamento. Eu não me esforçava mais para ser uma boa menina, a fim de conquistar o amor e a aprovação Dele, mas ainda contava com a minha própria força para ser uma boa garota como forma de expressar minha gratidão por

Ele (e, inconscientemente, ainda esperava que seria abençoada de volta pelo meu bom comportamento!).

A minha compreensão da graça do Pai não mudou a dinâmica por meio da qual eu me relacionava com Ele. Agora acreditava que Ele me amava independentemente do que fosse, e não precisava fazer nada para merecer esse amor. Mas, no fundo, ainda acreditava na mentira de que, enquanto estivesse sendo uma boa menina, o que receberia de volta Dele seria sempre uma vida boa e abençoada. Havia criado uma imagem desse Pai amoroso que havia descoberto no evangelho da graça como alguém que nunca permitiria que eu sofresse ou que algo ruim acontecesse comigo enquanto eu estivesse perto Dele, servindo-o e obedecendo à Sua vontade.

Por isso, me esforçava para viver uma vida de gratidão e para me tornar uma pessoa melhor por Ele, fazendo coisas para Ele. Queria fazer valer essa graça que me foi oferecida – como se, de alguma forma, eu pudesse compensá-lo e retribuí-lo por meio de uma vida transformada que o agradasse. Aceitei a graça de poder me achegar livremente ao Pai, mas ainda queria "fazer por onde" com meu próprio esforço para conseguir andar no Seu caminho e "compensar" a graça que me foi oferecida.

Nessa dinâmica de tentar agradecê-lo com uma boa vida, toda vez que eu não conseguia atingir o padrão que achava que Ele merecia (que eram muitas vezes!), me sentia envergonhada e culpada. A imagem de um Deus bravo que me castigaria voltava a rondar a minha mente. A minha reação era me esconder, tentar me limpar e consertar sozinha antes de voltar a me relacionar com o Pai novamente. Quando sentia que estava boa o bastante para encontrá-lo, voltava a procurá-lo. (Que grande ilusão! Como se Ele não estivesse comigo em todo o tempo!) Eu ainda queria dar para Ele só a parte aceitável e admirável da minha existência. O meu relacionamento com Deus ainda dependia de quão boa eu acreditava estar para me encontrar com Ele.

Quando compreendemos esse amor inesgotável que nos foi dado de graça pelo Pai em Jesus, é natural que queiramos fazer coisas por Ele e queiramos nos transformar em alguém melhor para Ele. Mas o risco está em acreditar na mentira de que Ele nos resgatou só para nos "usar" na sua obra. Ou então, que podemos perder o amor Dele caso não mudemos de vida. Ficamos tão imersas no "fazer" e "compensar" a graça com uma vida transformada, que acabamos não desfrutando do presente de poder simplesmente estar com Ele.

O evangelho da graça pode ainda nos manter na religião do esforço próprio – não mais para conquistar seu amor, mas para tentar agradecê-lo e compensá-lo por sua graça oferecida. Mas Ele não nos resgatou para nos usar. É certamente um privilégio e prazer sem medida poder participar daquilo que o Criador está fazendo na história (inclusive, vamos falar bastante sobre isso nos próximos capítulos do livro!), mas o propósito de Ele ter nos resgatado não foi para que tivesse servos. Em Jesus, Ele não nos chama de "empregadas" ou de "meras ferramentas". Ele não é um patrão ou um chefe. Ele é um Pai – que é, sim, o Rei de todo o universo e merece toda reverência e respeito, mas ainda um Pai. Ele não quer o que você pode fazer por Ele ou para Ele; Ele quer você. Deus quer viver um relacionamento de amor eterno contigo e, juntos, a partir desse relacionamento de amor, transbordarem em obras magníficas que demonstram tudo o que Ele é.

Ele nos resgatou e está nos restaurando para nos amar cada dia mais. Ele quer se relacionar com a gente assim do jeito que estamos, e, nesse relacionar, sermos transformados pela sua presença e seu poder. Desse relacionar, certamente fluirão coisas para fazermos por Ele e para Ele, mas essa não é a essência do que significa segui-lo.

Em sua imensa graça e misericórdia, acredito que Jesus acolhe também aqueles que permanecem, durante toda a vida, nas versões incompletas do evangelho que conduzem à religião do esforço próprio. Quando orei ainda criança "aceitando Jesus no meu coração", mesmo que ainda estivesse crendo em uma versão incompleta do evangelho, Ele me resgatou, me incluiu na família de Deus e começou Sua boa obra em mim. Mesmo quando eu ainda não tinha compreendido toda a dimensão da boa notícia Dele, tentando obedecer às suas regras pela minha própria força de vontade e barganhando com Deus, em sua imensa graça Ele já estava ali me conduzindo, amando e restaurando.

O Criador olha para as nossas tentativas equivocadas de nos relacionar com Ele e nos dá graça sobre graça. O fato de estarmos perdidas no caminho da religião do esforço próprio não necessariamente significa que não fomos salvas, mas certamente significa que ainda não experimentamos toda a plenitude da verdadeira boa notícia que Jesus veio nos dar.

Há tanta liberdade, leveza e força para experimentar no caminho de Jesus! Essas versões incompletas reduzem a boa notícia de Jesus a um *ticket* para o Céu e a uma lista de regras que precisamos seguir para ser boas pessoas e, assim, ser abençoadas com uma boa vida. Mas o evangelho de Jesus não é só isso.

Quero te contar sobre o evangelho de Jesus que eu conheci quando a dor chegou à minha vida. Foi nesse momento da minha caminhada com Ele que aconteceu a madrugada insone e ansiosa que relatei no começo deste livro. A vida tinha saído do lugar e todo o meu esforço para ser uma boa menina não estava mais resultando em uma vida abençoada.

Neste momento, me desiludi com a imagem de Deus como um Pai amoroso que só existia para me proteger e garantir que eu sempre tivesse uma vida abençoada, me livrando de todo sofrimento enquanto eu me mantivesse obediente a Ele. *Como*

Ele pôde me decepcionar desse jeito?, eu pensava. *Eu não me esforcei para fazer quase tudo certinho, do jeito que Ele sempre pediu? Quando eu falhava, eu me arrependia, me consertava e voltava para Ele, não era? Então por que eu recebi dor e sofrimento de volta, ao invés de bênção? De que vale segui-lo se não for para Ele me dar uma boa vida, sem dor e sofrimento?* O pânico me acordava no meio da madrugada, pois me sentia abandonada e traída pelo Deus que eu achava ter servido durante toda a minha vida. Na verdade, eu estava decepcionada com a imagem que eu tinha feito de um Deus que nunca permitiria que eu me machucasse. A imagem que eu tinha criado era a de um Deus que estaria anotando minhas boas ações para sempre me retornar em bênção. Mas aí a vida aconteceu e o sofrimento chegou para mim também. Essa imagem de Deus e esse evangelho incompleto não faziam mais sentido.

Esse foi um dos períodos mais difíceis da minha vida. Achei que perderia minha fé, mas estava, na verdade, prestes a dar o próximo passo rumo a uma compreensão mais profunda do evangelho e da caminhada com Ele. Foi nesse momento que Ele me chamou para revisar quem eu achava que Ele era, o que Ele estava fazendo, quem eu era e o que Ele me chamava a fazer. O sofrimento tem esse poder de produzir em nós uma experiência mais realista e grandiosa de quem o Criador realmente é e do que de fato significa caminhar com Ele. Quando passamos por momentos de crise e dor, temos a chance de quebrar nossas falsas imagens de Deus e experimentar um Pai muito maior do que as imagens imperfeitas que criamos para Ele. Nos momentos de dor, nossos corações são refinados e purificados pela mão poderosa e amorosa de um Pai que não permitirá que continuemos buscando satisfação em outras coisas, causas e pessoas que não Nele (mesmo que para isso tenhamos que sentir dor no caminho). O sofrimento nos leva de volta para o colo do Pai e amadurece nosso relacionamento com Ele.

Pode ser que você, como eu, tenha crescido em um contexto como esse, cantando essas mesmas musiquinhas, ouvindo essas mesmas historinhas e tentando seguir as mesmas regrinhas. A grande chance é que você, como eu, tenha se sentido cansada e sobrecarregada em algum momento da caminhada, e se perguntou se era isso mesmo o que Jesus queria dizer com uma vida livre, leve e forte. Você deve ter seguido, em algum momento (ou ainda está seguindo), a religião do esforço próprio — seja para merecer o amor de Deus ou para agradecer por esse amor.

Contudo, o evangelho de Jesus não é somente sobre sermos pessoalmente salvas do pecado e irmos para o Céu depois da morte, ao invés de ir para o inferno. O evangelho de Jesus também não é somente sobre a possibilidade de termos uma relação pessoal com o Criador como Pai amoroso. Essas são partes importantes do evangelho, mas não são *o todo* do evangelho. Ainda existem peças importantes faltando nessa compreensão e que nos impedem de viver a liberdade, leveza e força que o verdadeiro evangelho de Jesus tem a nos oferecer.

Em meio à dor, Ele me revelou que a boa notícia que Jesus veio dar era melhor do que eu imaginava! Mas, para ter essa perspectiva completa, era preciso que eu descobrisse os dois elementos que ainda faltavam no quebra-cabeça. O primeiro deles eu vou te contar neste capítulo; o segundo, no próximo.

Não é sobre seguir os passos de alguém, mas sobre seguir com alguém

Seguir uma religião cristã é diferente de seguir com Cristo, o filho amado que foi enviado para ser a porta, o caminho e a verdadeira vida para todo aquele que Nele cresse. No caminho da religião do esforço próprio, há uma série de regras para se esforçar a obedecer e uma série de práticas e rituais para seguir.

No caminho com Jesus, há uma pessoa com quem seguimos. Não seguimos alguém que está de fora e distante nos avaliando, mas com alguém que está aqui, dentro de nós, nos guiando e capacitando por meio da presença e do poder do seu Espírito que agora habita em nós.

O caminho com Jesus é de relacionamento com uma pessoa que está viva, presente e próxima. Uma pessoa que, ao mesmo tempo, reina sobre todas as coisas lá no Céu, mas está também bem aqui dentro daqueles que escolhem andar com Ele. Jesus não somente nos resgatou da morte e nos libertou do poder do pecado, mas está agora nos capacitando a cumprir Sua vontade, restaurando-nos e transformando-nos em pessoas cada dia mais parecidas com Ele.

Enquanto estava no caminho da religião do esforço próprio, ainda não tinha compreendido que o Espírito Santo que habitava em mim não era "só um ventinho que de repente enchia algum lugar com a presença de Deus" ou então "uma sabedoria" para eu conseguir interpretar corretamente a Bíblia. A presença empoderadora do Espírito Santo de Jesus era a primeira peça que faltava no quebra-cabeça do evangelho completo de Jesus. Não ter a compreensão do real significado e da importância do Espírito Santo na minha caminhada com Jesus me fazia viver sem depender da Sua força e presença.

Dentro da tradição cristã em que cresci, nós não falávamos tanto sobre quem o Espírito Santo era, como Ele agia e, principalmente, como Ele é o poder de Deus para efetuar tanto o querer quanto o realizar da Sua vontade. Nunca tinha tido a noção de que o Espírito era uma pessoa com quem eu conviveria. Muito menos que Ele era o próprio Espírito de Jesus fazendo morada em nós. Para mim, o Espírito Santo era um "algo", não um alguém. Algo que, sem que eu percebesse muito claramente, me daria sabedoria para viver ao me ajudar a interpretar a Bíblia quando eu a lesse. Mas não era alguém com quem eu conviveria, me relacionaria e com quem eu poderia contar para fazer por mim aquilo que eu não consigo fazer sozinha. Quando meus olhos se abriram para a realidade da presença empoderadora do Espírito Santo de Jesus em mim, percebi que o caminho com Jesus não era só sobre seguir o padrão de alguém, mas também sobre seguir com alguém.

Jesus não veio meramente para ser um exemplo a ser seguido e imitado. É impossível imitar Jesus. O Criador não espera que nós tentemos fazer nada como Jesus faria por meio do nosso próprio esforço, mas que tudo que viermos a fazer, nós façamos por meio da presença empoderadora do seu Santo Espírito que agora habita em nós. Ele não nos deixou com uma série de regras para tentar seguir, mas nos deu o próprio poder do seu Espírito para cumpri-las.

Jesus não foi só um bom homem que ensinou boas coisas para serem seguidas. Ele foi o próprio filho de Deus que cumpriu todas as exigências, morreu e ressuscitou para hoje habitar em mim e em você, a fim de cumprir em nós todas as exigências também. Ele veio para ser o poder de querer e realizar as diretrizes do Criador para a vida livre, leve e forte que fomos criadas para viver.

Jesus ressuscitou para nos dar o poder de sermos habitadas pelo mesmo Espírito que o habitava enquanto Ele vivia entre nós. A ressurreição de Jesus não é somente a garantia de que também ressuscitaremos depois da morte e viveremos com Ele no Céu depois que nós morrermos. Porque Ele ressuscitou, o mesmo Espírito que o empoderou a viver como Ele viveu vive hoje no seu corpo e no meu, empoderando-nos para viver *aqui-e-agora* por meio da sua vida ressurreta, que é a única que tem poder de vencer o maligno e o pecador!

Nosso caminhar pode ser muito mais leve quando ganhamos a consciência de que Ele não está lá longe, mas *aqui-e-agora* conosco em todos os momentos do dia. Ele não nos deixou sozinhas para tentar imitá-lo com a nossa própria capacidade. A vida com Jesus não é sobre seguir uma série de regras e cumprir uma sequência de rituais, mas é sobre se relacionar com alguém que está vivo, habitando em nós e nos empoderando a sermos como Ele.

Porém, durante anos Ele foi colocado em uma *caixa de bom mestre*, com uma boa moral, a qual devemos nos esforçar ao máximo para imitar pela nossa própria força de vontade. Durante tempo demais Ele foi restrito a alguém que só pode ser encontrado em templos religiosos ou momentos de devoção espiritual. Mas o caminho do relacionamento com o Espírito de Jesus, diferentemente do caminho da religião do esforço próprio, não é sobre tentar imitá-lo e encontrá-lo somente nos espaços "sagrados" da vida. Ele nos convida, cansadas e sobrecarregadas de tentar nos consertar sozinhas, a ir até Ele e aprender com Ele a andar de forma leve e suave, por Sua presença e Seu poder atuando em nós. O caminho com Ele é sem cansaço, sem sobrecarga, sem comparação, sem medo, sem culpa, sem condenação, sem motivo de nos envergonhar. É o único caminho no qual quem ganha é quem não conseguiu vencer. O único caminho que dá o prêmio para quem se rende. O único caminho verdadeiro para a vida e para o amor eternos.

Caminhar com Jesus é relacionar-se com seu Espírito e permitir a formação da sua própria vida em nós, por meio do tempo que gastamos juntos. Esse tempo não consiste somente nos momentos que gastamos fazendo coisas "espirituais", como ler a Bíblia, ir à igreja e orar, mas na totalidade do tempo que vivemos agora, na presença Dele. Ele usa cada momento das nossas vidas, por mais ordinários e caóticos que sejam, para nos tornar mais parecidas com Ele. Todas as mínimas situações da vida são oportunidades de Jesus nos ensinar o seu jeito de ser. Ele está em cada momento mais corriqueiro do seu dia, te acompanhando, ensinando e empoderando a viver com o jeito de ser Dele.

Que ótima notícia! Chega de cansaço, chega de culpa, chega de frustração! Chega de tentar seguir uma lista de regras pela nossa própria força de vontade! Chega de achar que Jesus só pode ser encontrado em templos ou práticas "espirituais". A boa notícia que Jesus veio nos dar é completa: Ele não só nos resgatou, mas também está agora nos restaurando. Tudo pelo Seu próprio poder! E Ele está presente com a gente, onde quer que estivermos, fazendo o que estivermos fazendo.

Vá a Ele, passe tempo com Ele, permaneça consciente da presença Dele e aprenda o jeito Dele de viver e caminhar. O caminho com Jesus não é sobre seguir alguém distante, mas sobre seguir com alguém que está vivo e presente, aqui bem perto de você.

O caminho com Jesus é percorrido com Aquele que é o amor em pessoa, até que nos tornemos pessoas que amam como Ele amou. É um caminho que Ele nos convida a trilhar com Ele, a fim de sermos transformadas Nele e podermos fazer parte da grande história de amor que Ele está escrevendo e da missão que Ele está cumprindo. Tudo isso não pelo nosso esforço em tentar imitá-lo, não por seguirmos uma série de rituais e práticas, mas pelo relacionamento que cultivamos com Seu Santo Espírito que nos acompanha e empodera.

Cultive os hábitos de vida Dele

Se você for como eu, deve ter achado tudo isso maravilhoso, mas logo se pergunta: *Como? Quais são as instruções para eu ter esse relacionamento com o Espírito de Jesus?* Nosso jeito controlador quer sempre uma fórmula para seguir e garantir resultados, né? Mas, em relacionamentos, não conseguimos seguir manuais. (Aliás, como seria incrível conseguir nos relacionar por meio de manuais, né? Imagina se, assim que você começasse a se relacionar com alguém, já recebesse um manual de como essa pessoa "funciona"? Que sonho seria!)

Assim como não temos manuais para nossos relacionamentos, não temos como criar uma fórmula para o nosso relacionamento com o Espírito de Jesus. Não há uma série de regras que você precisa seguir para se relacionar com Ele e ser transformada por Ele. Não há um ritual e uma sequência de atos que precisamos fazer para conseguir "acessar" o seu Santo Espírito, como em outras práticas religiosas.

Ele não nos deixou com um passo a passo de como cultivar um relacionamento com Seu Santo Espírito. Sabe o que Ele fez? Chamou pessoas para conviver com Ele. "Venham a mim, comam o que eu como, orem como eu oro, durmam onde eu durmo, conversem com quem eu converso." Ele não nos deixou um manual, mas nos deu um modelo de vida. Ele não escreveu uma teoria para tentarmos aplicar. Ele aplicou a teoria na sua própria vida e nos convidou a andar como Ele andou. Ao observarmos os hábitos do estilo de vida de Jesus, podemos encontrar pistas de como andar com o Espírito Dele.

Jesus, sendo totalmente homem e totalmente Deus, mantinha alguns hábitos que moldavam o seu estilo de vida para que Ele estivesse continuamente conectado com o Espírito Santo, atento ao Seu falar e disposto a obedecê-lo. Nos relatos da vida Dele, vemos, por exemplo, que constantemente se retirava para um lugar secreto no qual orava e conversava com o Pai. Também temos evidências de que passou bastante tempo lendo e meditando nas escrituras, pois as conhecia a ponto de ensinar aos professores da época. Jesus também praticava o jejum, como no período antes de ser tentado no deserto. Outros hábitos de vida de Jesus eram a partilha do pão em torno da mesa com Seus discípulos, a generosidade em oferecer o Seu tempo e poder para pessoas que não mereciam, a simplicidade voluntária de não carregar consigo grande riqueza, dependendo, a cada dia, do sustento do Pai, entre outras.

Uma boa forma de cultivar o mesmo relacionamento que Jesus tinha com o Espírito é adotar os mesmos hábitos do Seu estilo de vida. Seguir com Jesus é ser aprendiz do seu estilo de vida. Só podemos manifestar exteriormente um caráter que foi transformado no jeito de ser de Jesus, se adotamos os mesmo hábitos, ritmos e estilo de vida Dele. Diferentemente do caminho da religião do esforço próprio, esses hábitos não serão formas de tentarmos barganhar com Deus ou meros rituais que cumprimos de maneira automática na nossa prática religiosa. Seguir os hábitos de Jesus é moldar a nossa vida a partir da vida Dele, para que nossos corações estejam cada dia mais sintonizados ao coração Dele.

Como seus aprendizes, nós moldamos os nossos hábitos de vida aos Dele para que sejamos formados e capacitados pelo seu Espírito no jeito de ser Dele. Adotar os mesmo hábitos que formaram o jeito de ser de Jesus é cooperar para que Seu Santo Espírito encontre um solo fértil para operar em nossas vidas. O alvo dos hábitos, ritmos e rituais no caminho de Jesus não é seguir uma prática religiosa, mas sintonizar seu coração com seu Espírito, tendo ouvidos atentos a Ele e mãos prontas a obedecê-lo.

Se você cresceu no contexto de uma igreja cristã, deve ter ouvido falar ou lido em algum momento da sua caminhada a história infantil "Em seus passos, o que faria Jesus?". A moral dessa história era que, em tudo que fizéssemos, deveríamos nos perguntar *O que faria Jesus?*, e tentar fazer isso imitando o que Jesus fazia. Segundo essa história, à medida que tentamos imitar o que Jesus faria em cada situação, no tornamos pessoas mais parecidas com Ele.

Essa historinha tem realmente um fundo de verdade. As ações que nós tomamos de maneira repetida (também conhecidas como nossos hábitos) formam um molde para o nosso caráter se amoldar e ser formado. Mas essa historinha foca somente comportamentos exteriores, da vida pública: ajudar alguém, dar esmola, não bater... Contudo, esses comportamentos da vida pública são mera consequência dos hábitos que mantemos na nossa vida privada. Acredito que uma melhor adaptação dessa famosa pergunta seria: "Quais são os hábitos de Jesus?".

As nossas ações na vida pública fluem do comportamento assimilado por meio dos hábitos da nossa vida particular. Enquanto nossos hábitos particulares de vida não estiverem alinhados aos hábitos da vida particular de Jesus, nós não conseguiremos ter o comportamento em público que Jesus tinha.

Você fará naturalmente em público aquilo que se habituou a fazer na sua intimidade. Mesmo que tentemos muito, pode ser que uma vez ou outra até consigamos reproduzir algo que se pareça com Ele, mas aquela ação dificilmente se tornará frequente na nossa vida, se não condisser com os hábitos de vida que mantemos. Trazendo novamente um exemplo dos meus filhos: para que em público eles sejam pessoas amorosas, gentis e generosas, eu preciso treiná-los continuamente a serem amorosos, gentis e generosos dentro da nossa própria casa. Essas mínimas atividades vão forjar neles o hábito de ser pessoas que reagem dessa maneira à vida.

O que chamamos de "disciplinas espirituais" são, na verdade, hábitos do estilo de vida de Jesus que treinam nossa alma com base no jeito de ser de Jesus. Elas não são meios de conquistar o favor de Deus, mas de disciplinarmos a impostora que ainda vive em nós e permanecermos atentas e disponíveis ao fluir do Espírito em nós. Particularmente, não sou tão fã do termo "disciplinas espirituais", pois pode remeter a alguns hábitos específicos que são "espirituais" em detrimento de outros que não sejam. A meu ver, a nossa vida toda é vivida na presença de Deus; portanto, tudo o que fazemos é espiritual. Lavar a louça, cuidar dos filhos, trabalhar, dirigir – tudo isso é espiritual e pode ser usado como uma disciplina para Jesus te treinar no caminho Dele.

Outro motivo de não ser tão fã desse termo é a impressão de que praticar disciplinas espirituais significará uma vida de negação, esforço e sofrimento. Mas viver uma vida disciplinada é, na verdade, um caminho de libertação da verdadeira vida de sofrimento que é viver à mercê das nossas próprias vontades. Viver uma vida em que disciplinamos a nossa impostora a seguir os hábitos de vida de Jesus vai, sim, incluir negação e sofrimento, mas resultará em liberdade e satisfação – não só na eternidade, mas já, *aqui-e-agora*, ao termos os desejos do nosso coração transformados nos desejos Dele e desfrutarmos da Sua intimidade.

O propósito para o qual Deus quer formar Jesus em mim e em você, por meio da ação do Espírito Santo que habita em nós, é que sejamos plenamente restauradas ao que significa ser *humana de verdade*. Ao nos restaurar, Deus está nos capacitando para fazer a parte que Ele sonhou para nós na grande história de amor que está escrevendo.

A missão Dele ainda não acabou, e Ele está nos restaurando para que possamos fazer parte dela. Ele está nos restaurando em Jesus, a fim de que consigamos fazer as boas obras que Ele de antemão preparou para nós realizarmos por meio do poder do Espírito e colaborarmos com a Sua grande história de amor.

Quando no caminho de Jesus, temos a oportunidade de cooperar com o seu Espírito e alinhar o propósito das nossas vidas ao grande propósito de Deus para tudo que existe.

Quando falamos de propósito de Deus para nossas vidas, podemos cair na armadilha de tentar descobrir o que Ele acha a respeito dos seus planos e sonhos. "Devo ir para tal faculdade? Aceitar tal emprego? Namorar com tal pessoa?" Esse tipo de pergunta em busca da vontade de Deus para nossas vidas revela a perspectiva estreita que ainda mantemos sobre o que Deus realmente está fazendo no mundo.

Pensamos no propósito de Deus para nossas vidas como sendo conseguir uma vida plenamente satisfeita, sem dor e sofrimento no *aqui-e-agora*. Quando pensamos no destino para o qual queremos que o Pai nos conduza, imaginamos a vida de um comercial de margarina, com todos os pré-requisitos da nossa lista de expectativas cumpridos. Casa, família, bom trabalho, saúde. O pacote completo. Não necessariamente pensamos que esse destino é Cristo formado em nós para estarmos aptas a participar da missão de Deus.

E se o propósito para o qual Ele nos chamou e está nos transformando e convidando a fazer parte for muito maior do que a nossa pequena vida de comercial de margarina que tanto almejamos? E se o Criador estivesse em uma missão cósmica de restauração de todas as coisas e criatura criadas, por meio do seu filho amado? E se o propósito Dele para nossas vidas for fazer parte dessa grande missão? Você aceitaria trocar o seu ideal de uma vida de comercial de margarina para acompanhá-lo e fazer parte da missão Dele? Estaria disposta a se submeter a um treinamento de purificação e renovação da alma para que possa ser cada dia mais cheia da Sua presença e poder para colaborar com o propósito Dele?

09
Tenha uma nova esperança que não falhará

(e um propósito empolgante pelo qual viver)

*E*ram quase duas horas da madrugada; já havíamos passado quase 24 horas viajando de avião e estávamos agora em um carro, no meio de uma estrada deserta, em um país que não era o nosso. Era uma das nossas primeiras viagens sozinhos depois do nascimento dos filhos. Planejamos essa viagem para ser uma perfeita combinação de descanso e aventura. Iríamos ficar em uma cabana isolada no meio da floresta, para descansar, mas também faríamos trilhas para nos aventurar a explorar a natureza.

Tentávamos encontrar essa cabana escondida quando, de repente, o GPS parou de funcionar, assim como o sinal do celular. *Ah! Perfeito! Era só o que nos faltava!* Meus ombros tensos começaram a doer. *Quando pensei em aventuras, não imaginava que isso incluiria nos perder numa floresta em um país distante no meio da madrugada!* Comecei a murmurar, descontente.

Resolvemos parar em uma pousada no meio do caminho para passar o restante da noite e voltar à nossa missão no começo do dia seguinte. Descemos do carro e, com as mãos quase congelando de frio, batemos na porta de vidro da recepção. Uma, duas, três vezes... e nada. Ninguém. Meu mau humor estava proporcional ao frio, à fome e ao cansaço que estava sentindo. Só conseguia pensar na caminha quentinha que nos esperava em algum lugar ali por perto.

Olhamos um para o outro. "E se dormíssemos dentro do carro?", ele cogitou... Pior do que isso não podia ficar. Tiramos todos os casacos da mala e colocamos umas cinco ou seis camadas de roupa, luvas, toucas e cachecóis. Já estávamos de olhos quase fechados quando, de repente, ouvimos uma batida no vidro. É, acho que podia ficar pior... "Precisam de ajuda?", uma voz rouca e congelante nos perguntou em uma língua que não falávamos direito. "Sim!", e mostramos no mapa o nosso destino.

Já estávamos desesperançosos, achando que nunca chegaríamos onde queríamos chegar, quando uma alma bondosa bateu no vidro do carro nos dando uma boa notícia: a nossa cabana estava logo ali, virando uma esquina. Recebemos instruções, café quente e novo ânimo para continuar na busca por nosso destino final. "Vocês não estão mais perdidos, tomem aqui um novo gole de esperança e uma nova perspectiva para continuar o seu caminhar. O destino que vocês tanto esperam chegar está logo ali. Podem manter a fé e a esperança."

Uma boa notícia que te mantém, apesar do sofrimento

Como você gostaria que o mundo fosse? Não sei quanto a você, mas meu desejo era viver em um lugar sem injustiça, sofrimento e maldade, em que o amor reina. De certa forma, acho que todo ser humano tem esse mesmo desejo por uma vida de paz e plenitude, não é? Eu diria que é um desejo de experimentar aquilo para o qual fomos criados: uma vida completamente abençoada pelo Criador e sem as consequências que a rebeldia nos trouxe.

Todos estamos tentando chegar "lá", nesse lugar de realização plena. Alguns tentam isso por meio de ideologias políticas, outros por meio da luta por direitos humanos e causas sociais, outros pelo seu próprio avanço pessoal e acúmulo de riqueza, outros pela religião, outros pela tecnologia... Mas todos, independentemente do mapa que estão seguindo, estão em busca do mesmo destino: a paz, harmonia e alegria que tínhamos no Éden. O problema é que só existe um caminho que realmente nos conduz a esse lugar, e os outros só nos levam a estar no meio da noite escura, sem GPS, em um país estranho, completamente perdidos.

Existem duas formas de estar perdida em caminhos que não levarão à vida livre, leve e forte que o Criador nos criou para ter. A primeira é o caminho da rebelião descarada. A forma mais evidente desse caminho são pessoas que vivem uma vida de violência, abuso, opressão e injustiça. Mas a rebelião descarada não é só um caminho de quem busca fazer o mal. Existem pessoas que se esforçam muito para ser moralmente boas, éticas, prestativas e que, ainda assim, permanecem em rebelião descarada contra o Criador.

Nós, seres humanos, fomos criados para nos satisfazer no Criador, dando a Ele o centro das nossas vidas, deleitando-nos em nosso relacionamento de amor com Ele. Fomos criados para amá-lo acima de todas as coisas e receber Dele sabedoria, graça e amor para viver uma vida que se derrama em amor pelo outro e pela criação. Rebelião contra esse Criador não é somente praticar ações ruins e malvadas, mas é não dar ao Criador o Seu devido lugar: o centro de tudo.

Quando colocamos quaisquer outras coisas, pessoas e causas no lugar que só pode ser preenchido pelo Criador, por melhores que essas causas, pessoas e coisas sejam, permanecemos em rebelião descarada contra Ele, pois estamos tirando-o do trono que lhe é devido. O caminho da rebelião descarada não é restrito somente aos "malvados"; existem pessoas moralmente boas (pela graça de Deus) que ainda permanecem em rebelião descarada contra o Criador enquanto não se rendem e dão a Ele a importância que lhe é devida.

Pessoas que estão no caminho da rebelião descarada podem até apresentar atributos de bondade, generosidade e amor, mas somente porque o Doador de toda boa dádiva os dá graciosamente a quem Ele bem entender. Nós somos meros recipientes que transbordam da Sua bondade, generosidade e amor derramados graciosamente sobre nós. Não fomos criadas para ser fontes de nenhuma dessas qualidades, portanto não conseguimos produzi-las por conta própria.

Além do caminho da rebelião descarada, existe outro caminho que não parece tão rebelado contra o Criador, mas que ainda é muito parecido com o caminho da rebelião, que é o da religião. Pessoas que seguem esse caminho não ignoram a existência de uma divindade, mas se relacionam com esse deus por meio de uma lista de regras em busca da aprovação da divindade e esperando, em troca, uma boa vida.

No caminho da religião, tentamos barganhar com o divino por meio das nossas boas ações, a fim de recebermos a vida abençoada que tanto desejamos e na qual colocamos a esperança de nos satisfazer. Nesse caminho, "deus" é um meio para um fim. Não é a fonte de deleite e satisfação do nosso coração, mas um credor em quem buscamos favor para conseguir as coisas, pessoas e causas que achamos que trarão deleite para os nossos corações. Não cultivamos um relacionamento de amor com Deus; transacionamos com a caricatura de "deus" que criamos para nos servir. Cumprimos as regras e esperamos que, em troca, o nosso deus domesticado nos dê aquilo que nosso coração realmente deseja: outras coisas que não ele mesmo. No caminho da religião, acreditamos que Deus esteja sendo levado em conta, mas Ele ainda não ocupa o centro das nossas vidas. E, quando Ele não ocupa o centro, na verdade Ele não está sendo considerado de verdade.

Na versão cristã do caminho da religião, nos são apresentadas como mapa versões incompletas do evangelho que têm como destino final um Céu fora daqui. Nesse mapa dos evangelhos incompletos, o mundo do *aqui-e-agora* e o corpo em que habitamos hoje são coisas passageiras que serão destruídas quando Jesus voltar. Neste dia, além de Ele acabar com o mundo criado, levará, para um Céu etéreo, aqueles que creram Nele; lá, viverão como almas penadas, tocando harpas em nuvens, com vestes brancas e angelicais. Enquanto isso não acontece, o propósito da vida *aqui-e-agora* é se esforçar para obedecer a uma série de instruções que Jesus deixou e tentar convencer outras pessoas a aceitarem o *ticket* de Jesus para o Céu também.

Quando o sofrimento chegou à minha vida, esse mapa incompleto do evangelho com esse destino e esse propósito não foi suficiente para me sustentar com a esperança que eu precisava. Naquele momento, minha fé foi provada pelo fogo do sofrimento para que eu visse que esse evangelho incompleto me deixou na mão, no meio do escuro, em um país distante, tremendo de frio.

Eu precisava de uma esperança que não se limitava a um *ticket* para um Céu fora daqui tocando harpas nas nuvens após a minha morte. Eu queria ter uma fé viva, com uma esperança que me sustentasse em meio à dor e ao sofrimento da vida no mundo corrompido depois do Éden. Queria ter um mapa com um destino que cativasse meu coração mais do que qualquer coisa do *aqui-e-agora*. Só que o Céu que me era apresentado na versão incompleta do evangelho, com suas nuvens, vestes brancas, almas penadas e harpas, não me era apetitoso desse jeito. Eu precisava que alguém batesse na janela do meu carro congelante e, em meio ao meu cansaço e desespero, me desse uma boa notícia.

Depois que Jesus me resgatou daquela madrugada insone e angustiada, comecei a reler o livro do Criador desde sua primeira página e me propus a estudá-lo do começo ao fim. Eu já tinha lido o livro inteiro, mas não desse jeito, buscando compreendê-lo de capa a capa. Sempre o lia em partes. Um livro, depois pulava alguns, ia para outro, depois voltava. Fui fazendo uma colcha de retalhos de acordo com o que eu queria ler e saber sobre a Bíblia.

Dessa vez eu estava com fome de conhecê-lo de verdade e saber qual era o verdadeiro destino para o qual Ele estava conduzindo a história. E, para isso, sabia que não podia conhecer só as partes que são facilmente digeríveis do seu livro. Se todos esses livros foram compilados em um grande livro do Criador, então, para conhecer quem o Criador é e qual a sua missão, eu precisava ler Seu livro por completo. Antes de começar, pedi a Ele que me conduzisse e desse um propósito maior para essa fé incompleta à qual ainda me segurava por um fio.

Assim que comecei essa empreitada de ler o grande livro do Criador, de Gênesis a Apocalipse, não sei ao certo como, mas me veio às mãos um livro de Michael Goheen e Craig Bartholomew chamado *Drama das Escrituras*. Ao lê-lo, aprendi que todos os livros da Bíblia estavam unidos em uma única linha narrativa que revelava a grande história de amor, resgate e restauração do Criador pela sua criação. Essa grande história não era mesmo sobre a salvação pessoal de indivíduos do inferno, nem só sobre a graça divina que adotaria pecadoras como filhas, mas era sobre a restauração completa de todas as coisas criadas através da chegada com Jesus de uma nova ordem: o Reino de Deus.

Jesus não veio ao mundo só para nos salvar do pecado, dar acesso ao Céu, permitir que chamemos Deus de "Pai" e ser o exemplo de como deveríamos viver nossas vidas enquanto não morremos (ou Ele não volta). A boa notícia que Jesus veio para dar não se resumia a isso! Havia algo muito maior acontecendo; o destino final do caminho com Jesus é muito mais glorioso do que um Céu fora daqui tocando harpas nas nuvens. Os evangelhos incompletos da "salvação pessoal" e da "graça e do amor imerecidos de um Pai" são meras reduções do evangelho completo que revela a restauração completa do Reino de Deus na sua criação.

Uma grande história de reconquista de um reino

Jesus não veio instituir uma nova religião com uma série de regras para seguir. Ele não veio para nos dar um *ticket* para um Céu fora daqui. Ele não veio só para nos limpar do pecado e nos dar acesso ao Criador novamente como Pai. Logo que Jesus começou o seu ministério, a boa notícia que Ele dava para as pessoas não era "Arrependam-se, creiam e tenham um relacionamento pessoal com o Criador, podendo chamá-lo de Pai." Nem mesmo era: "Arrependam-se, creiam, tenham seus pecados perdoados e vão para o céu comigo depois que eu acabar com tudo isso aqui." A boa notícia que Jesus anunciava era: "Arrependam-se e creiam, porque o Reino de Deus chegou." Essa era a mensagem que Jesus pregava. E, se era isso que Ele dizia, então esse é o ponto central da mensagem do evangelho de Jesus: a chegada do Reino de Deus.

Mas, afinal de contas, o que raios é esse *Reino de Deus*? Será que *Reino de Deus* é o Céu para o qual vamos com Jesus depois de morrer? Mas aí essa mensagem de que o Reino de Deus havia chegado não faz tanto sentido. Ou será que *Reino de Deus* eram outras palavras para a lista de regrinhas morais que Jesus tinha "deixado para que seguíssemos"?

É natural que eu, uma garota brasileira que nasceu mais de milênios depois de Jesus, não consiga dimensionar todo o significado que o termo *Reino de Deus* carregava para as pessoas da época em que Jesus viveu e anunciou a sua boa notícia. Mas, para eles, *Reino de Deus* era um conceito que fazia o coração daquele povo bater mais forte. Era algo pelo qual eles aguardavam ansiosamente. Se pudéssemos voltar aos primeiros séculos e andar algum tempo pelas terras de chão batido da região de Jerusalém, veríamos que esse não era um termo estranho para aquelas pessoas – pelo contrário, era a esperança que as mantinha de pé.

Para compreender por que aquele povo aguardava tanto o Reino de Deus, precisamos voltar alguns milênios antes de o Criador enviar seu próprio filho ao mundo, relendo sua história desde o começo, quando ainda, lá em Gênesis, Ele escolheu outro homem, Abraão, e prometeu-lhe que a sua descendência seria abençoada por Ele para abençoar todos os povos da terra. Esse povo seria separado para ser o povo de Deus, responsável por viver de acordo com a vontade do Criador em meio a povos em rebelião ao seu redor, trazendo a salvação de Deus para todos esses povos. O povo escolhido pelo Criador se chamava *Israel*. Deus deu a esse povo uma terra, um sistema de purificação para que se relacionasse com Ele e a Sua vontade por meio de uma série de regras a obedecer – regras que podiam ser resumidas a: amar ao Criador sobre todas as coisas e amar ao próximo como a si mesmo.

Mas o ser humano, sem depender do Espírito do filho amado de Deus, é incapaz de amar a Deus sobre todas as coisas e, consequentemente, amar ao próximo como a si mesmo. Todas essas regras que o Criador deu ao povo de Israel eram só sinais de como seria a vida livre, leve e forte que experimentariam quando o Espírito do Filho vivesse e operasse neles.

Ao longo da história desse povo, por várias vezes eles falharam em seguir as regras do Criador; como consequência, foram abusados e oprimidos por outros povos que não seguiam ao Criador. Nesses momentos de opressão, se levantavam alguns homens que chamavam o povo ao arrependimento, à fidelidade e à vontade do Criador novamente. Esses homens, também conhecidos como "profetas", diziam que chegaria um dia em que Deus enviaria um rei, conhecido como o Messias, que os libertaria da opressão dos outros povos e estabeleceria o Reino de Deus na terra novamente, dando-lhe um novo coração capaz de obedecer à Sua vontade.

No dia em que esse Rei estabelecesse o reinado de Deus na terra, toda a criação seria liberta do poder do mal que se infiltrou em todos os sistemas e criaturas depois do Éden e restauraria todas as coisas a como eram antes do momento em que a humanidade se rebelou contra o Criador. A chegada do Messias, que traria o Reino de Deus para a terra, seria um dia em que todo o mal da criação seria dizimado, porque Deus iria fazer justiça contra quem estivesse em rebelião, mas também o dia em que toda a criação seria purificada, restaurada e renovada. O Reino de Deus não era um lugar fora daqui para onde iriam, mas uma nova condição restaurada que seria estabelecida no mundo criado.

Por isso, imagine o espanto daquelas pessoas quando Jesus, um homem aparentemente comum, filho de um carpinteiro humilde de Nazaré, começou a andar pelas terras da Galileia dizendo que o Reino de Deus havia chegado. Ele anunciava que o dia pelo qual o povo de Israel mais esperava chegou e... era só isso? Esse cara simples e que em nada se parecia com um rei, andando por aí, ensinando sobre uma vida de amor, misericórdia e paz dentro do Reino de Deus? Nada de julgamento? Nada de acabar com todo o mal? Não era nada do que eles estavam esperando!

Eles estavam esperando um rei, um líder militar que os conduziria em uma revolta armada em nome de um Deus que agiria com justiça castigando todos os outros povos que não faziam parte do povo de Deus. Eles estavam esperando um rei que iniciaria uma era de completa libertação do poder do mal, em que a vontade de Deus passaria a ser feita assim na terra como no Céu. Algo que eles definitivamente não esperavam era que esse rei viria como um humilde carpinteiro de Nazaré, pregando sobre pacificação, mansidão, humildade e amor pelos seus inimigos.

Enquanto Jesus andava por Israel anunciando a chegada do Reino de Deus e a nova ética subversiva desse reino, Ele chamava para ser seus aprendizes não os religiosos, estudados e letrados, mas pescadores analfabetos, cobradores de impostos — considerados corruptos e traidores do povo de Israel —, mulheres que não tinham direitos ou voz em uma sociedade patriarcal, dentre outras figuras bem pouco influentes (e até mesmo completamente questionáveis!) da sua época.

Ele dizia que o Reino de Deus era dos pobres de espírito e dos injustiçados. Ele declarava que os herdeiros da criação restaurada no Reino de Deus são os pacificadores, os misericordiosos, os que dão a outra face, os que lavam os pés, os que assumem os últimos lugares, os que perdem as suas vidas em amor pelos outros.

Jesus trouxe consigo o Reino de Deus para a terra — não pela força, mas por meio de pessoas dispostas a viver como Ele viveu. O Reino de Deus é todo lugar em que a vontade de Deus é feita. E a vontade de Deus é feita, assim na terra como no Céu, através de seres humanos transformados, com o jeito de ser de Jesus. Ele, sendo humilde, manso, misericordioso, pacificador, estava mostrando que a vitória sobre o mal não viria por meio da revolta armada, mas por pessoas que, como Ele, escolhessem abrir mão das suas vidas e se derramassem em amor uns pelos outros. O Reino de Deus é dos que não têm nada para oferecer e nada a perder. Por isso mesmo, entregam tudo a Ele. No seu caminhar anunciando a chegada do Reino de Deus, Ele tocava doentes intocáveis que estavam à escória da sociedade; em vez de Ele se contaminar, os doentes eram curados. Mas Ele não só os curava. Também dizia: "Seus pecados foram perdoados." Isso escandalizava os religiosos daquela época. O quê?! Um Messias que perdoa pecados? Mas aí... Ele teria que ser... o próprio Deus.

O povo de Israel acreditava, corretamente, que só Deus pode perdoar pecados. Só que, em sua concepção, pecados só são perdoados por Deus pelo sistema de sacrifícios bastante complexo que Ele havia deixado nas Suas regras. Ele esperavam um Messias que os libertaria da opressão, mas não esperavam que esse Messias seria o próprio filho de Deus encarnado em forma humana, perdoando pecados assim, de graça, sem nenhum tipo de ritual de purificação e sacrifício da parte daqueles que tinham seus pecados perdoados.

Ao dizer que perdoava pecados enquanto curava corpos físicos, Jesus estava revelando também o real significado da salvação que a chegada do Reino de Deus estava trazendo à terra. Quando pensamos em salvação, geralmente pensamos em Deus nos limpando do pecado e nos tirando desse mundo para um novo lugar que não tem nada a ver com isto aqui. Mas, na grande história de amor de Deus pela sua criação, salvação não é um *ticket* para um Céu fora daqui, quando Deus destruir tudo que criou, mas o completo e profundo processo de resgate e restauração não só da humanidade, mas de toda a criação de Deus. Salvação, como anunciada por Jesus com a chegada do Reino de Deus, é a restauração da plenitude do que significa ser humano e do que a criação foi criada para ser.

Cura, no Reino de Deus, não é só do corpo físico, mas também de todas as consequências do pecado em todas as dimensões dos seres humanos e de toda a criação, incluindo estruturas, organizações, nações e poderes – tanto criados diretamente por Deus quanto criados indiretamente por Deus por meio dos seus seres humanos.

Salvação, para Jesus, não é só uma salvação na dimensão "espiritual" que limpa do pecado, mas uma salvação que restaura todas as dimensões do ser humano (mente, corpo e alma) das consequências do pecado e que engloba não só a humanidade, mas também todo o restante da criação. Deus amou tanto todo o mundo criado (não só a humanidade), que enviou seu filho amado para que todo que Nele crê não pereça, mas herde a vida que durará para sempre na criação restaurada de Deus.

Nós fomos salvas, ali na cruz, do domínio do pecado; agora, estamos sendo salvas ao ser restauradas e curadas das consequências do pecado em todas as dimensões da nossa existência. E essa salvação também se aplica ao mundo criado, que é bom, mas está também corrompido pelo pecado e geme esperando pelo dia em que os filhos de Deus serão revelados no novo Céu e na nova terra.

A cruz de Jesus foi a humilhação cósmica das forças do mal que mantinham a humanidade e toda a criação presas a uma condição corrompida. Naquela cruz, Jesus quebrou a maldição que nos mantinha presas, pesadas e pressionadas, e foi coroado como o Rei e Senhor de toda a terra. Ele venceu e humilhou o pecado, comprando novamente para si a humanidade e a criação como parte do Seu Reino.

Mas a história não para por aí: Jesus não somente morreu, mas venceu o poder do mal. Quando ressuscitou, foi o primeiro fruto de uma nova humanidade completamente redimida do pecado. Quando ressuscitou, tinha um novo corpo restaurado, o novo corpo que a nova humanidade terá no Reino Eterno de Deus, que é tão material quanto espiritual.

Depois que Jesus ressuscitou, Ele levou seus aprendizes até um monte e, após dar-lhes Suas últimas palavras, subiu à dimensão celestial. Nas suas últimas palavras, Ele prometeu aos seus discípulos que voltaria para restaurar todas as coisas de uma vez por todas. Nesse meio-tempo entre a primeira vinda e a sua volta definitiva, Jesus deu-lhes a missão de contar a boa notícia para todos os povos: o Reino de Deus chegou, Jesus venceu, hoje reina e um dia voltará para revelar seu reinado e restaurar todas as coisas de uma vez por todas.

A primeira vinda de Jesus precisa ser lida dentro do contexto dessa grande história de amor de Deus pela sua criação. Ele veio primeiro para tomar sobre si a maldição do pecado, libertar sua criação e dar início à restauração. Jesus veio para ser o primeiro homem completamente liberto do poder do pecado e inaugurar uma nova humanidade que viva novamente uma vida de amor e generosidade debaixo do reinado do Deus Criador. Quando Jesus nos convida a desfrutar da sua salvação e da vida eterna, está nos convidando a fazer parte dessa nova humanidade e da nova vida no Reino Eterno de Deus, que durará para sempre, mas que já começa aqui e agora.

Nos últimos capítulos dessa grande história, vemos Jesus voltando à terra uma segunda vez, de maneira bem diferente da primeira. Agora Jesus não vem mais em forma humilde e graciosa como um bebezinho, mas como o Rei glorioso prestes a fazer justiça, destruir todo o mal e restaurar tudo de uma vez por todas. Nesse dia, todo aquele que creu no que Ele fez em sua primeira vinda e permitiu que Ele reinasse em suas vidas sobreviverá a essa Sua segunda vinda e herdará o novo Céu e a nova terra com Jesus.

O destino final, no mapa do evangelho, da chegada e restauração do Reino eterno de Deus na criação é glorioso: tudo volta a estar no lugar. Mas ao mesmo tempo é pavoroso: não haverá mais mal; aqueles que não se renderam ao Reino de Deus entre sua primeira vinda e a última também não mais existirão. Não haverá mais choro, nem dor, nem corrupção, nem abusos, nem medo, nem vergonha, nem culpa! Aqueles que fazem parte da nova humanidade que habita no novo Céu e na nova terra desfrutarão da presença de Deus com Eles, guiando-os e orientando-os a governar a criação com bondade, generosidade, amor e justiça.

O final para o qual o Criador está conduzindo a história não é um fim do mundo em que tudo explode e alguns poucos são tirados para viver em meio a nuvens, como almas penadas tocando harpas. O Deus Criador de todas as coisas, que amou tanto a totalidade da sua criação, está em missão de resgate e restauração de todas essas coisas. O Céu é um lindo lugar feito de gente de carne e osso, de terra, de planta, de animais, de ideias, de projetos, de governos, de casas, de relacionamentos... mas tudo isso completamente restaurado e purificado, com o Deus Criador no centro de tudo, seu Filho reinando sobre todas as coisas e seu Espírito habitando o coração de todos.

No final da história, Deus volta à terra para purificar tudo do mal, da distorção e da corrupção do pecado. Ele endireitará todas as coisas, fazendo tudo novo. E quem poderá ser considerado sem mal, distorção e corrupção, podendo fazer parte dessa Sua nova criação? Não é aquele que se esforçou muito para conseguir se tornar uma pessoa boa, mas aquele que rendeu sua vida para que o Espírito do filho amado reinasse e o transformasse em nova criatura que vive de acordo com o jeito de ser do Reino de Deus.

Sabe esse mundo perfeito que todos nós desejamos? Ele existe. Esse mundo é o Reino eterno de Deus, e é só questão de tempo para que seja completamente revelado. Hoje Jesus está assentado ao lado de Deus, reinando sobre todas as coisas. O Seu reinado está estabelecido. O Reino de Deus chegou e quem reina é Jesus. Ele um dia voltará para revelá-lo e consumar a sua obra de restauração de toda a criação.

Mas você pode estar se perguntando: *Se Jesus já venceu e hoje reina, por que ainda não vemos as consequências concretas desse reinado em uma realidade completamente restaurada?* Por que Jesus teve que voltar para o Céu e deixar esse espaço de tempo entre o início do seu reinado e a restauração completa de todas as coisas com as quais ainda convivemos e com as consequências do pecado, mesmo que Ele já o tenha derrotado na cruz?

Uma missão empolgante pela qual viver

Se Jesus já viesse de uma vez por todas fazendo novas todas as coisas, não sobraria ninguém. Não teria um justo sequer para contar história e entrar no Reino eterno de Deus. Nem entre o povo de Israel, nem entre os outros povos. Se não fosse pela vida do próprio filho perfeito de Deus vivendo em nós, não conseguiríamos ser aceitos nessa nova realidade.

Não tínhamos a menor chance de fazer parte do novo Céu e da nova terra com Ele. Para qualquer um entrar na nova criação, Ele precisaria pagar o preço para nos resgatar e libertar da nossa condição corrompida. Ele precisaria abrir o caminho para o jeito de ser humano da nova criação. Mas, ainda mais importante, Ele precisaria morrer e ressuscitar para, tendo vencido o pecado, dar-nos o poder de vencê-lo também por meio do seu Espírito Santo vivendo em nós.

Ele dividiu suas vindas em duas, por mim e por você. A Sua primeira vinda foi de graça para nós e de juízo para Ele. Sua segunda vinda será de juízo para o mal, mas continuará sendo de graça para nós, que cremos Nele e fomos considerados justos por conta Dele. Ele não veio de uma vez só, porque queria que todos os povos pudessem ouvir essa boa notícia, tendo a oportunidade de crer e experimentar da vida no Reino eterno de Deus com Ele. Ele voltou para o Céu, deixou sua missão com seus discípulos e retardou seu retorno para que nós que nascemos milênios depois Dele pudéssemos crer e herdar a nova criação também.

Jesus entrou no meio da história e trouxe para nós a única possibilidade de fazermos parte da nova criação no final da história. Ele ainda não voltou de uma vez por todas, pois quer que todos, de todos os povos, nações, terras e momentos da história, possam ter a chance de ouvir a boa notícia, confiar suas vidas a Ele e viver para sempre na Sua nova criação.

Mas como todos os povos em todos os tempos da história humana vão ouvir essa boa notícia? Como essa parte da missão de Jesus será cumprida? Não será mais pelo seu Espírito encarnado em um único homem, judeu, do primeiro século. Essa missão de contar a boa notícia da vitória e do reinado de Jesus para todos os povos em todos os tempos da história será cumprida pelo seu Espírito habitando uma multidão de seguidores do Seu caminho, por milhares de anos e culturas diferentes, com milhares de personalidades e habilidades diferentes para impactar todas as dimensões da vida humana e da criação, em todos os tempos.

Ele nos deixou, como nova humanidade habitada e empoderada pelo seu Espírito, a missão de anunciar por meio de nossos atos e palavras: o Reino de Deus chegou, Jesus reina, Ele já venceu o poder da corrupção e é só questão de tempo para que retorne, a fim de revelar esse reinado e consumar sua restauração de toda a criação. Nesse dia, todo olho verá e todo joelho se dobrará, mas só poderá entrar no Seu Reino aquele que sua vida rendeu a Ele e por meio Dele viveu.

O Deus Criador nos convida para participar de uma história de amor, resgate e restauração do mundo criado, que é maior do que nós. Ao nos rendermos a Ele, somos chamadas a ser agentes Dele na Sua missão de contar a boa notícia da resgate, libertação e restauração da humanidade e de todas as coisas criadas por meio do seu filho amado.

Nossa vida não foi criada para ser sobre nós mesmas. Nós não somos as protagonistas da história do grande livro do Criador. Não somos quem está no volante e nem no banco do passageiro da nossa vida. Somos quase como figurantes da verdadeira história que está acontecendo e que está descrita no livro da grande história de amor do Criador pela sua criação. Nossa história sempre foi parte de uma história maior, escrita pelo Criador, em que o protagonista é o Seu Filho e da qual Ele nos dá o privilégio de sermos colaboradoras.

Enquanto Ele não volta, ou nos chama para estarmos definitivamente com Ele, temos um duplo propósito pelo qual devemos viver. Podemos, todo dia que se chama hoje, aproximar-nos Dele e entregar nossas vidas para ser transformadas na semelhança do Seu filho, tornando-nos capazes de viver o estilo de vida do Reino de Deus *aqui-e-agora*. Enquanto somos restauradas, anunciamos a boa notícia com palavras e ações; as coisas não permanecerão assim para sempre: existe uma esperança! O destino que todo mundo almeja vai chegar, mas o caminho para Ele é só por meio de Jesus. A esperança vive e reina. Ela um dia voltará e acabará com toda a injustiça. E, nesse dia, quem permanecerá será aquele que escolheu acreditar e viver pela mesma causa pela qual Ele morreu.

O nosso Pai não está tão preocupado em te dar a vida de comercial de margarina que você tanto sonha, mas em você permitir que Ele manifeste a realidade do seu reinado em você e através de você, aqui e agora. A nossa jornada com Ele é uma jornada de restauração através da nossa rendição, para a manifestação do jeito de ser do Reino e o anúncio da boa notícia de que o mundo tem um novo Rei, o filho amado de Deus, Jesus.

Algo muito especial acontece quando entregamos o nosso coração por inteiro para o Criador e escolhemos entrar na história Dele: Ele nos revela seus segredos. Ele nos confia partes da sua missão para cumprirmos. Ele nos dá o privilégio de colaborar e fazer parte dessa missão empolgante e que nos enche de esperança, que é a restauração de todas as coisas por meio de Jesus.

Ele quer caminhar com você e te tornar quem você foi criada para ser. Ele preparou, de antemão, algumas boas obras para você fazer parte do Seu grande propósito e missão. Ele nos dá o privilégio de perguntar a cada manhã: "Meu Pai, o que vamos fazer juntos hoje para contar a boa notícia de que Jesus reina e manifestar o seu Reino como realidade aqui na Terra, como é no Céu?"

Podemos escolher fazer parte do propósito Dele, ou então continuarmos a nossa busca obstinada por um propósito nos nossos termos, mas que, ao final, não vai dar em nada. Pare de procurar em mapas errados o destino que já chegou. A vida no Reino de Deus é de justiça, paz e alegria para aqueles que escolhem Nele confiar e por Ele viver.

Viver o estilo de vida do Reino de Deus *aqui-e-agora* não será um caminho simples, mas é o caminho que conduz à vida que durará para sempre. O Reino de Deus já está aqui e pode ser visto pelos olhos da fé. Mas haverá o dia em que o veremos por completo. Ah! Esse é um dia pelo qual vale a pena viver e morrer!

10

Torne-se quem foi criada para ser

(e descubra a força que você foi feita para ter)

Eu caminhava distraída com meu filhinho pela rua enquanto ele observava atentamente os pequenos detalhes ao redor, até que reparou em um casulo de borboleta pendurado no galho de uma árvore e ali fincou o pé, querendo investigar do que se tratava. "É de onde nascem as borboletas, filho", disse, de maneira apressada, enquanto o puxava pela mão e tentava fazê-lo voltar a andar.

"Mas quem a coloca ali dentro?", me respondeu claramente descontente com minha pressa e desinteresse. "Ninguém a coloca aí dentro. Ela era uma lagarta, aí Deus pede pra ela se enrolar toda em um casulinho desses pra se transformar em borboleta. Ela se coloca nesse casulinho e, quando está pronta, sai borboleta."

"Mas ela entra lagarta e sai borboleta?", insistiu.

"Sim, entra lagarta e sai borboleta." "E como ela vira borboleta?"

"Não sei direito, filhinho. Mas ela obedece ao Papai do céu, entra no casulo e deixa que Ele a transforme em borboleta."

Esse pequeno diálogo com meu filhinho veio bem em um momento em que estava frustrada com a aparente falta de uma transformação rápida e radical na minha vida. Eu havia aberto mão da minha armadura e estava me desvinculando da minha personagem. Aos poucos estava aprendendo a viver abraçando o desconforto de "não saber" e aceitando não estar mais no controle de tudo. Relembrar-me de que eu estava acompanhada do Espírito Santo de Jesus a cada passo do meu caminho me trazia alívio para os sentimentos de solidão e desamparo. Viver pela causa do Reino de Deus me empolgava. Mas, ainda assim, eu via muito em mim que precisava ser mudado. A transformação estava acontecendo, mas era mais vagarosa do que eu gostaria.

O caminho ainda era cheio de altos e baixos. Havia momentos em que eu voltava para os quartos escuros da minha alma e me sentia novamente presa, apressada e aprisionada. Eu tinha pressa para ver tudo "no seu devido lugar" de uma vez por todas. Eu tinha pressa para me ver livre de sentimentos e comportamentos que considerava inadequados para alguém no caminho de Jesus buscando manifestar o estilo de vida do Reino de Deus *aqui-e-agora*.

Eu tinha criado um novo padrão para atingir, de uma "nova eu" completamente livre, leve e forte, que nunca mais se sentiria aprisionada, apressada e pressionada. Quando dei por mim, eu já estava me pressionando para "chegar lá" logo. Queria ver os resultados, sem ter que viver os processos.

Frustrada com o tempo que estava levando para que eu fosse transformada por completo no jeito de ser de Jesus, imaginei se aquela lagarta também achava que não estava sendo transformada, só porque não conseguia notar a olhos nus tudo que está acontecendo enquanto ela permanece imóvel dentro do seu casulo.

Mesmo com os nossos maiores esforços, não conseguimos notar as patinhas sendo formadas e as lindas asas brotando nas suas costas. E se tivéssemos uma visão microscópica extraordinária em câmera lenta? Certamente poderíamos ver que, a cada segundo que passa, ela está sendo um pouquinho mais transformada em uma nova e linda criatura. A olhos nus não se pode ver, mas a cada segundo ela é um pouco menos lagarta e um pouco mais borboleta.

A transformação real, de dentro para fora, não é algo que conseguimos mensurar e controlar. Quando estamos dentro do processo de transformação, não conseguimos medir o progresso que já foi feito. Muito pelo contrário, tendemos a menosprezar os pequenos passos – mesmo imperfeitos – que já demos e as pequenas conquistas mesmo incompletas que já atingimos.

Em uma sociedade tão voltada ao desempenho, à velocidade e à performance, esse processo lento de transformação interior pode facilmente se tornar desmotivador – ainda mais quando não exige nada a ser feito por quem está sendo transformado, além de se dispor a permanecer presente dentro do casulo, esperando que a transformação aconteça.

Assim como meu filho interrompeu meu caminhar apressado para observar o casulo de borboleta paradinho ali na árvore, há um episódio no grande livro do Criador em que Jesus interrompe sua caminhada para ensinar seus aprendizes sobre como eles deveriam lidar com as frustrações que viriam por conta do caminhar lento e despreocupado com Ele.

Imagine Jesus andando lentamente num campo de flores enquanto conduzia seus amigos para o próximo destino, quando Ele de repente para, aponta para um lírio e diz assim: "Olhem os lírios do campo. Eles não fazem nada, só confiam, e eu cuido deles. Vocês não veem quando eles nascem no campo e não conseguem perceber seu crescimento, mas eu vejo. Eu estou de olho neles. Eu vejo a transformação lenta da semente em lírio."

Quase posso ouvir meu mestre dizendo para mim também: "Filhinha, olhe o casulo da borboleta. Ela não faz nada, só confia e eu a transformo... lentamente. Assim como eu estou fazendo com você. Você pode não perceber a transformação, mas eu a vejo... lentamente. Eu estou de olho, cuidando, nutrindo, guiando, conduzindo. Não se preocupe. Apenas venha, permaneça, espere e confie. Um dia você será borboleta. Não precisa ter pressa."

Quando entramos pela porta do amor de verdade e começamos a percorrer o caminho de Jesus, não nos transformamos instantaneamente em pessoas capazes de ser e agir como Ele. Ainda carregamos marcas do nosso passado, expectativas equivocadas a respeito do futuro, narrativas falsas sobre nós mesmas e sobre os outros. Ainda nos comparamos a padrões equivocados e nos frustramos com a aparente demora para atingi-los. O processo de transformação, cura e restauração Dele em nós leva a nossa vida toda.

Quando passamos pela porta aberta por Ele, entramos em um lento processo de restauração e cura referente a quem Ele nos criou para ser. Esse curar e restaurar é lento, e não se dá sem uma boa pitada de dor pelo caminho. A boa notícia é que, por mais demorado que possa ser, o caminho será cada vez mais leve e suave para nós à medida que aprendemos a confiar e descansar no ritmo das passadas Dele.

O ritmo das passadas de Jesus é leve, corajoso e conectado com o Pai. Jesus só faz o que o Pai diz, por meio do Espírito. E o Pai tem Seu próprio tempo... Deus é um Deus de processos. Ele poderia ter criado todo o universo em um único instante com um piscar de olhos, mas Ele tomou Seu tempo. Fez uma coisa de cada vez, lentamente. Descansando entre uma passada e outra.

Ele poderia ter resolvido a questão da nossa rebeldia logo no momento em que tomamos essa decisão equivocada. Mas Ele tomou Seu tempo. Chamou um homem, depois um povo, teve paciência com esse povo até não poder mais, depois chamou uma mulher e plantou uma semente do Seu Filho nessa mulher. Ela gestou esse filho durante meses, pariu e o criou durante anos.

Nosso Pai é um Deus de processos. Ele enviou Jesus não como um homem formado que desceu do Céu e já demonstrou todo o seu poder em um instante. Esse Jesus levou trinta anos (repito, trinta anos!) para começar o seu ministério (só eu acho que Ele perdeu um pouquinho de tempo? Imagina um bebê

Jesus já fazendo milagres? Quantas pessoas seriam curadas, quantas vidas seriam tocadas?! Brincadeiras à parte...). Levou trinta anos até que o Pai dissesse a Ele: "Agora você pode sair do casulo, Filho. É chegada a hora". Jesus, assim como seu Pai, toma seu tempo no nosso transformar. Ele leva o tempo que o Pai quiser que Ele leve para nos curar.

Esse caminhar com Ele não exige esforços extraordinários da nossa parte, além do esforço diário de nos render, permanecer atentas às suas passadas e descansar ao confiar no tempo e no ritmo Dele. Deus toma o Seu tempo. Ele dá um passo de cada vez. Ele te convida a olhar para um canto escuro da alma por vez e mais de uma vez. Ele te convida a permanecer com Ele, caminhar no seu ritmo em meio à bagunça da reforma que Ele está fazendo no seu ser e confiar que, mesmo que você não esteja vendo, o transformar Dele na sua vida está acontecendo.

O jeito de Jesus nos tornar quem fomos criadas para ser

Neste mundo afora, ouvimos que, para nos tornar nós mesmas, precisamos olhar para dentro e descobrir nossa essência, resgatando nossa intuição, mudando comportamentos e revolucionando nossas vidas da noite para o dia. Muitos são hoje os livros de autoajuda com dicas para um processo de autoconhecimento. Mas, nessa busca interna, encontramos, com a nossa essência, raízes de amargura, ressentimento, comparação, inveja, egoísmo. Como desatar esses nós de quem nós verdadeiramente somos, sem a ajuda Daquele que nos criou e é capaz de distinguir a nossa verdadeira essência daquilo que é distorção, por conta do vírus do pecado que se instalou em nós mesmo antes mesmo de nascermos?

Dentro dos templos religiosos, ouvimos que a maneira de descobrir quem fomos criadas para ser refere-se tão somente a olhar para fora e corresponder aos padrões do Eterno a nosso respeito. Esses padrões geralmente são colocados a nós como leis e regras a seguir. No caminho da religião, não somos muito incentivadas a olhar para dentro de nós mesmas. Afinal de contas, o que teria de bom dentro de nós, não é mesmo? E aí deixamos de jogar luz em tantas feridas que Jesus ainda precisaria sarar, mesmo depois de termos começado a caminhar com Ele.

No caminho com Jesus, diferentemente dos outros caminhos, o próprio Eterno faz morada dentro de nós e nos convida a olhar para dentro de nós mesmas ao mesmo tempo que olhamos para Ele. Nosso caminhar com Jesus é uma jornada acompanhada pela luz da verdade que pode limpar as ilusões e mentiras que nos aprisionavam, que pesavam e nos pressionavam, tornando-nos um pouquinho mais parecidas com quem fomos criadas para ser. Mas tudo isso em um ritmo lento, leve e corajoso.

No caminho de Jesus, ao olharmos para dentro de nós mesmas acompanhadas por Ele e encararmos toda a bagunça que ainda não está completamente arrumada dentro de nós, precisamos escolher permanecer com o desconforto da bagunça e esperar que Ele nos transforme no tempo Dele. Como a lagarta que ainda não é borboleta, escolhemos permanecer e esperar a transformação chegar. De nada adianta a lagarta se esforçar muito para virar uma borboleta. Ela só precisa resistir à sua vontade de sair do casulo antes da hora e ter fé que, mesmo que ela não veja, Ele está em processo de transformá-la.

Ao longo do nosso processo de transformação, é preciso olhar para todos os "ainda não" que vemos no nosso interior, e não querer fugir, anestesiar, remediar, consertar e resolver tudo por conta própria. A transformação duradoura exige que entremos no nosso casulo e fiquemos com nós mesmas e com Jesus ali, esperando e observando enquanto Deus está nos transformando. E isso dói.

Permanecer com aquilo do qual já queríamos ter nos livrado sem querer escondê-lo debaixo do tapete não é fácil. Permanecer com o espaço em branco naquilo que esperávamos que estivesse preenchido também é doloroso. Mas essa é uma parte importante de ser humana. Aprender a permanecer com Ele, mesmo em meio ao "ainda não" e ao "não sei". Nosso papel é estarmos disponíveis para a transformação e deixarmos que Deus acesse cada área das nossas vidas e torne-as novas, no Seu tempo e ritmo.

Em nosso processo de transformação, sempre teremos a tendência de querer partir para a ação, pensando em qual atitude deve ser mudada, qual comportamento deve ser evitado. Nós queremos ver os resultados rapidamente. Mas Jesus nos convida a sondarmos nossa mente e nosso coração com Ele antes de agirmos, identificando quais desejos, medos e necessidades têm gerado essas ações, e deixando que a presença de Jesus penetre nas raízes que motivam nossas ações.

De nada adianta força de vontade se a fonte da sua vontade não mudou. Quando focamos somente mudar nossos comportamentos exteriores, sem identificar as motivações interiores para aqueles comportamentos, a transformação não acontece de verdade. Ficamos lutando contra nossa vontade até o ponto de cansarmos, desistirmos e voltarmos aos velhos hábitos que nos são cômodos.

Uma transformação por completo, de dentro para fora, requer não só que a gente saiba o que deve ou não ser feito, mas que a gente se convença, com toda a nossa mente e o nosso coração, que permanecer na presença de Deus e contando com o poder de Deus vai nos transformar muito além do que qualquer estratégia que as nossas impostoras ou este mundo possam nos dar. E então, devemos ir a Ele, descansar, caminhar no Seu ritmo, entregar, confiar, esperar, permanecer e se deixar ser transformada de dentro para fora, começando com as motivações e desejos do fundo do nosso coração, até os comportamentos que os seguem...

Uma vez ouvi Tim Keller dizer que a melhor arma na nossa luta contra os comportamentos equivocados que ainda mantemos é tirar nossos olhos do comportamento que queremos mudar e direcionar nossa atenção para a grandeza e o poder do nosso Criador de nos curar e restaurar. Na nossa luta contra aquilo que ainda precisa ser transformado dentro de nós, a melhor arma é levantar o escudo da fé na suficiência de Jesus e erguer a espada da verdade que sai da boca de Deus, resistindo à tentação de querer resolver as coisas com nossas próprias estratégias e escolhendo permanecer na presença de Jesus, deleitando-nos no seu amor, grandeza e imensa suficiência, mesmo que dentro de nós só vejamos insuficiência. Nossos comportamentos obedecem àquilo que gastamos tempo desejando e adorando. Quando treinamos nossas mentes e corações para desejar, nos deleitar e gastar tempo contemplando o poder do nosso Criador, nossos comportamentos seguem de acordo com os desejos e o poder Dele para nossas vidas. Nossas estratégias e planos de ação para nos transformar são ineficientes se não estivermos permanecendo tempo suficiente nos encharcando com a suficiência de Jesus. Enquanto esperamos a transformação, precisamos diariamente realinhar os desejos mais profundos do nosso coração com a satisfação que só o Criador pode nos dar. Não basta reprimir comportamentos. Não basta querer só encontrar estratégias para solucionar atitudes. Enquanto não encontrarmos satisfação para o desejo profundo da nossa alma, continuaremos a buscar algo que nos satisfaça. E, se não buscarmos no Criador, buscaremos em outros lugares, que acabarão por frutificar comportamentos equivocados em nós.

Parafraseando Agostinho, nossa alma só encontra descanso e alívio quando nos esbaldamos no Eterno. E esse *esbaldar* é um ato de resistência. É o esforço diário de abrir espaço na sua agenda para encontrá-lo e ser encontrada Nele. É escolher permanecer dentro do casulo da identidade que Jesus nos deu na sua ressurreição enquanto nos transformamos de dentro para fora — e, nesse relacionamento, encontrar satisfação e plenitude, independentemente do que estiver acontecendo nas circunstâncias ao nosso redor. Desse reencontro diário com a fonte de satisfação da sua alma, fluirá ao longo do seu dia ações que serão fruto de seus desejos reorientados ao Pai.

Para ser transformadas, primeiro precisamos aprender a permanecer com Jesus e segui-lo para os cantos mais escuros da nossa alma, a qual Ele deseja restaurar, fazendo um inventário completo dela e permitindo que Cristo renove a convicções mais profundas da nossa mente e do nosso coração. Só pode ser transformado aquilo que trazemos para a luz. E nós fomos criadas, essencialmente, para ser filhas da luz, vivendo na luz.

Ele quer te fazer nova criatura, mas para isso precisa que você permita que seu Santo Espírito sonde sua mente e coração, deixando que Ele traga luz para todo o nosso ser, dizendo o que deve sair e o que deve ficar. Nesse *sondar*, Ele nos ajuda a nomear as convicções equivocadas que ainda motivam nossas ações e nos convida a ter coragem de trazê-las para a luz das verdades bíblicas, deixando ir aquilo que não é verdade e substituindo pela verdade Dele para nós.

Somente a presença Dele será capaz de curar as motivações mais escuras de nossas mentes e corações. Precisamos entrar nos quartos escuros da nossa alma com Ele e fazer um inventário com Jesus, revendo as memórias do nosso passado, deixando que Ele transforme a imagem que criamos de nós mesmas, dos outros e de Deus com base nessas memórias. Nesse revisitar do nosso passado com Ele, o Pai nos libertará daquilo que não mais precisamos carregar. Não vivemos como Jesus vivia porque não permanecemos com Ele e não permitimos que nos ensine a pensar como Ele pensava, acreditar no que Ele acreditava, amar o que Ele amava.

Se não nos dispusermos a fazer essa viagem para dentro de nós mesmas, significa que perderemos a liberdade para a qual Jesus nos resgatou? Nunca! Significa que o Criador nos tirará da lista das suas filhas amadas? Nunca! Significa que não herdaremos o Reino de Deus? Nunca! Tão somente significa que, ao não permitir que Ele transforme o que precisa ser transformado, escolhemos ficar na escuridão enquanto a porta para a luz já está escancarada. Com medo de encarar a dor que as feridas podem nos causar, nos recusamos a olhar para elas e escolhemos permanecer no escuro, mesmo tendo a possibilidade de andar na liberdade da luz.

Temos, em Jesus, a oportunidade de experimentar aperitivos da vida do Céu, aqui e agora. Ele nos chamou para novidade de vida. Mas isso requer que sejamos purificadas, até que só reste a essência de quem nós fomos criadas para ser. E o nosso processo de purificação, cura e transformação se dá ao seguirmos com Ele, para dentro de nós mesmas, trazendo renovo àquilo que está quebrado e ferido.

Seguindo Jesus para dentro de nós mesmas

Nossos comportamentos fluem naturalmente a partir de quem nós acreditamos que nós somos, nossa identidade, a qual pode ser encontrada no conjunto de convicções que mantemos guardadas lá no fundo das nossas mentes e dos nossos corações. Nós agimos de acordo com aquilo que acreditamos a respeito de nós mesmas e do que acreditamos ser capaz de nos dar o amor e a segurança que tanto desejamos.

Todas nós temos uma imagem criada pelas nossas mentes e corações a respeito de nós mesmas, mas só o Criador conhece a nossa verdadeira identidade. Todas nós temos pressupostos internos do que é capaz de nos dar a satisfação, o amor e a segurança que tanto almejamos, mas só o Criador é capaz de nos suprir de verdade e eternamente.

Imagine sua mente e seu coração como uma grande sala cheia de arquivos. Esses arquivos são suas convicções. Ao longo da nossa história, vamos tendo experiências que vão se transformando em convicções (sejam elas verdadeiras ou não). Primeiro elas eram meras informações, mas, depois que foram comprovadas pela experiência (provadas por você mesma como verdadeiras), elas se tornam convicções do seu coração. Cada uma dessas convicções foi arquivada em uma pastinha separada dos seus medos, dos seus amores, das suas necessidades e dos seus desejos. Essas convicções são os motivadores das suas ações.

Cada uma de nós carrega consigo um arquivo personalizado de convicções. Nele estão acumuladas todas as experiências que vivenciamos até aqui e que forjaram em nós uma forma de enxergar a nós mesmas, o mundo ao nosso redor e Deus. Os nossos medos se tornam os limites pelos quais passamos a operar. As nossas necessidades se tornam motivos para nos preocupar e acumular ansiedade. Os nossos amores se tornam os deuses pelos quais sacrificamos nossas vidas. Os nossos desejos se tornam os riscos que escolhemos correr para conseguir satisfazer os anseios mais profundos da nossa alma.

Quando caminhamos com Jesus, precisamos dar a Ele a chave dessa sala, que é o centro de comando das nossas ações, e permitir que Ele remexa em todas essas convicções. Só Ele será capaz de nos apontar para a nossa verdadeira essência e identidade, ao realinhar nossas convicções às que Ele tem a nosso respeito. Ao permitirmos que Ele revise as convicções da nossa mente e do nosso coração, estaremos mais maleáveis para que Ele transforme também os comportamentos que fluem com base nessas convicções. Mas, para que essas convicções sejam restauradas, é preciso que nós revisitemos nosso passado com Jesus, até encontrarmos a raiz de cada uma dessas convicções e deixarmos que Ele as renove.

Nós não temos como mudar o nosso passado, mas Jesus pode transformar a nossa forma de reagir a ele. Nós não somos o que fizeram de nós ou deixaram de fazer com a gente. Quantos dos nossos comportamentos não são reações que aprendemos para tentar nos proteger ou nos esconder de sentir dor, vergonha, culpa e medo pelas feridas que causamos e que nos causaram? Quanta novidade de vida nós deixamos de experimentar por não permitir que Jesus ressignifique o nosso passado e cure nossas memórias mais sombrias, renovando as convicções da nossa mente e coração, que estão no centro de comando das nossas ações?

As experiências positivas e negativas que vivenciamos, principalmente nos nossos anos de formação, criam em nós marcas emocionais que geram determinados padrões de comportamento (nossas armaduras), que acabamos repetindo ao longo da vida para tentar nos proteger e conseguir o amor que tanto desejamos. Se não os encararmos de frente, nomeando esses padrões como estratégias equivocadas, e os trouxermos aos pés de Jesus para serem transformados, acabamos ficando presas a padrões de comportamento e reação baseados em coisas que sentimos no passado e que se tornaram convicções na nossa vida, em lugar da verdade de Jesus.

Jesus quer entrar em contato com a nossa história e redimi-la. Ele é a verdade. Escolha acreditar no que Ele diz sobre você e sobre seu passado, não naquilo que você pensa e sente a respeito. Ele quer que sejamos aperfeiçoadas no amor e que sejamos livres do peso que carregamos do passado, para vivermos uma vida leve e corajosa no Seu Reino. Para isso, Ele quer nos acompanhar numa visita aos momentos mais felizes e tristes que já vivemos na vida e que trazemos na nossa bagagem. Ele quer ressignificar as narrativas equivocadas que carregamos e fazer novas todas as coisas dentro do nosso ser.

Para sermos curadas, Jesus quer que passemos o melhor remédio para a nossa alma – o perdão – nas feridas mais profundas que carregamos das nossas histórias. Jesus quer nos dar um novo futuro, mas essa nova vida só é possível se nos libertarmos das amarras que ainda carregamos do passado. No caminho lento da nossa cura, transformação e restauração, precisamos aprender a abrir mão da mágoa e do rancor que carregamos e que ainda nos mantêm presas a convicções equivocadas sobre nós mesmas, sobre Deus e sobre os outros.

À medida que essas convicções falsas e incompletas vierem à luz e estiverem sendo transformadas pela presença de Jesus, já não serão mais as mentiras, as projeções, as imperfeições que nos regem, mas Jesus que vive em nós. Assim, a cada dia nossa mente e nosso coração vão sendo renovados para acreditar, experimentar e comprovar a verdade de quem Jesus diz que somos como nossa convicção mais profunda e principal motivador das nossas ações. Esse não é um processo simples, e não é rápido. Leva uma vida toda, mas podemos confiar que aquele que começou a boa obra de restauração em mim e em você vai terminá-la.

Nesse processo de jogar luz e esclarecer nossas convicções, não basta termos novas informações a respeito da verdade em Jesus. Saber teorias não é o suficiente. Nós não somos seres meramente racionais, e as convicções do nosso coração não são formadas apenas pelo processo intelectual de compreender algo como sendo verdade. Somos seres que pensam, sentem, acreditam e decidem como agir. Nós decidimos agir com base naquilo em que acreditamos, não no que pensamos saber. Não basta sabermos a verdade de maneira intelectual; precisamos experimentar a verdade com todo o nosso ser, inclusive com nossos sentimentos.

Podemos ter uma série de pensamentos a respeito de Deus e achar que acreditamos neles, mas, na hora de agirmos conforme esses pensamentos, percebemos o quão difícil é, pois, no fundo, aquelas informações não se tornaram convicções no nosso coração. Só acreditamos naquilo que provamos como sendo verdade, e só provamos aquilo que sentimos e experimentamos. Portanto, para transformar informação em convicção, precisamos integrar sensações, sentimentos e emoções à nossa experiência com Jesus. Ele quer que tragamos aos seus pés todos os sentimentos humanos, para que Ele os redima na sua presença.

Esse Deus que nos criou como seres que pensam, desejam, amam e sentem quer ser conhecido por nós com todas essas dimensões do nosso ser. E é só à medida que O conhecemos, experimentando com todo o nosso ser a delícia da Sua presença e dos Seus atributos, que abrimos mão dos outros meios baratos de conseguir satisfações instantâneas e insuficientes para nossa alma.

Nossos sentimentos e emoções são formas de interpretar e experimentar a realidade, não a realidade em si. Nossas emoções não são lentes confiáveis para a realidade, mas não devem também ser completamente não levadas em consideração. Você deve se distanciar e se desvincular dos seus sentimentos para observá-los de fora, criando um espaço entre a emoção e a reação que você pode escolher ter a ela. Mas isso não significa se distanciar de sentir esses sentimentos. O melhor lugar para sentir qualquer sentimento que tenhamos nesse mundo corrompido depois do Éden é a presença de Jesus.

Ao aprendermos a integrar, nomear e experimentar todas as emoções na presença de Jesus, podemos transformar as teorias em convicções profundas do nosso coração. Mas, além disso, podemos aprender com Ele a conviver com os sentimentos de forma a não reprimi-los, mas também a não ser cegamente conduzidas por eles. Jesus viveu aqui e sentiu toda a gama de emoções que nós sentimos em nossa condição corrompida pelo pecado. Mas Ele sempre escolheu a melhor forma de reagir às suas emoções. Nós vamos nos transformando em "seres humanas" à semelhança de Jesus à medida que aprendemos não só a pensar o que Ele pensava, mas a sentir como Ele sentia. Aprendendo com Ele a como sentir raiva, mas não pecar. A como sentir vontade de se salvar, mas escolher amar o outro até o final. A como estar triste, mas ainda assim escolher confiar na alegria futura.

As convicções dos nossos corações vão sendo renovadas à medida que experimentamos novas realidades, com todas as dimensões do nosso ser, e comprovamos como sendo uma convicção do nosso coração aquilo que só sabíamos na teoria. Tornando em realidade e experiência aquilo que era mera informação e teoria racional, nossos corações são convencidos da verdade e encontramos a verdadeira força para viver, mesmo em meio à vulnerabilidade que o processo de restauração de Jesus em nós nos conduz.

Descobrindo a força de nos reconhecer fracas

Todas nós queremos nos sentir livres e leves, mas também queremos nos sentir fortes e empoderadas para lidar com os desafios da vida. Em meio à vulnerabilidade do nosso processo de restauração com Jesus, quando estamos despindo as mentiras da impostora e jogando luz nas suas estratégias equivocadas, podemos sentir que estamos sendo enfraquecidas ao invés de ficarmos mais fortes.

A dor de viver sem armadura e sem controle com Jesus em um mundo corrompido depois do Éden pode passar a impressão de que estamos desprotegidas. Podemos ser tentadas pela impostora e pelo acusador a acreditar que seria melhor ter permanecido com as armaduras de outrora, pois, pelo menos, não precisávamos lidar com as dor de expor e encarar feridas que estavam escondidas no fundo dos nossos corações.

Estando em um mundo corrompido e em rebelião contra o Criador, a inclinação da nossa impostora será sempre buscar força usando os meios deste mundo: escondendo as partes imperfeitas, criando uma armadura ao redor de suas vulnerabilidades, lutando, controlando, fazendo por merecer. É extremamente contraintuitivo se render, entregar, parar de lutar e confiar estando num mundo que nos diz para sermos fortes fazendo justamente o contrário.

Mas, através de Jesus, podemos conviver com a nossa condição corrompida e com as dificuldades inerentes de viver em um mundo corrompido de maneira diferente: não tentando consertar mais as coisas por conta própria, mas permanecendo dependente e vulnerável diante Dele. Podemos nos render e contar com a sabedoria Dele para ser os seres humanos que Deus nos criou para ser.

Há liberdade e leveza em nos render e confiar no processo lento de transformação do Pai. Não estamos desamparadas em meio às nossas feridas; sem armaduras, não estaremos à mercê de um mundo que ainda pode continuar nos ferindo. Aquele que foi ferido pelo nosso pecado está conosco, nos curando e restaurando. Ele está em nós, mas está também sobre nós e ao redor de nós para nos proteger e guardar. Podemos não ver a força de nos reconhecer fracas, mas ainda assim podemos confiar que isso é verdade pelos olhos da fé. A ilusão da força que a armadura antiga nos dá tira-nos do caminho do amor, da intimidade e da restauração que Ele nos proporciona. A segurança e proteção Dele não são como as armaduras que nos pesavam e aprisionavam, mas como uma redoma que nos envolve por onde quer que formos com sua presença e poder para lidar com quaisquer dificuldades que nos aparecerem no caminho.

Temos o escudo da fé Nele para nos defender das investidas do maligno, da impostora e daqueles que ainda tentarão nos ferir no caminho. Uma pessoa de fé não é alguém que nunca duvida e que tem sempre certeza de que tem o que é preciso para enfrentar as situações difíceis da vida. Fé não significa não duvidar, mas escolher confiar, mesmo em meio à dúvida. Fé é erguer as mãos vazias para Aquele que pode suprir (e que vai suprir!) infinitamente mais do que imaginávamos, mesmo quando não vemos nenhum indício ou prova de que isso vai de fato acontecer. Nesse sentido, *fé* poderia muito bem ser considerada um sinônimo de *coragem*, não é mesmo?

Fé em Jesus é andar livre e leve, perdendo todas as outras falsas esperanças da fé em si mesma, nos outros e nas circunstâncias da vida, tendo a coragem de acreditar que Ele é quem Ele disse ser e vai te suprir com a sua suficiência para enfrentar o que for. A única forma de receber a força do próprio Jesus é se reconhecer fraca, abrir suas mãos vazias e esperar que Ele as encha com sua força. Com a Sua força, Ele nos dá também a Sua esperança inabalável, que nos guarda até o fim.

A esperança inabalável é dada ao coração que, em meio ao medo, escolheu a fé. Não a fé na vida, que é turbulenta. Nem a fé em si mesma, que se provou tão frágil. **Nem a fé no universo,** que não tem força em si mesmo. Mas a fé **no filho amado do Deus** Criador, que se fez gente, passou pelas **mesmas turbulências da** vida que eu e você, e agora se prontifica a passar pelas suas turbulências com você. Esperança é o ato de esperar por aquilo que não se vê com os olhos, mas em que se escolhe acreditar pela fé.

Fé no filho amado do Criador, que é bom, que é a personificação do amor, que venceu todo mal e que está conduzindo a história para a consumação do Reino de Deus. A fé e a esperança estão sempre entremeadas à dor para aqueles que vivem no Reino do Amor. E essa esperança não tardará e nunca falhará. Essa esperança renova em nós a força para enfrentar os momentos mais difíceis do *aqui-e-agora* enquanto estamos sendo restauradas no caminho do amor, mantendo a perspectiva de que os momentos difíceis não são o final da história.

Enquanto todos ao nosso redor gritam que precisamos ser, fazer e tomar as rédeas das nossas vidas, a graça de Jesus nos abraça, tira esse peso das nossas costas e nos sussurra: "Você é eterna e profundamente amada. Não há mais nada a ser provado. Não há nada que você possa fazer ou deixar de fazer que vai te separar do meu amor por você. Eu sou por você, então quem pode te fazer qualquer mal? Pode descansar."

Quando entramos pela porta aberta por Jesus para o trono do nosso Criador e Pai, podemos diariamente trocar nossa culpa, vergonha e impotência pelo seu perdão, amor e poder para viver. Podemos também estender perdão, amor e ser poder para outros viverem vulneráveis e imperfeitos no caminho do amor. Assim, quando admitimos que somos fracas e incapazes, podemos nos achegar a Ele com humildade, em um espírito de rendição, submissão e devoção, e receber Dele o fortalecimento que vem pela Sua graça.

Passamos a viver com confiança humilde, em lugar de uma força impenetrável de armaduras pesadas. Andamos confiantes em meio à dor, por saber que em nós reside todo o poder do próprio Jesus para lidar com o que for, mas ainda permanecemos humildes por saber que, sem Ele, não conseguiríamos nos manter fortes. Nos alegramos com nossas fraquezas, pois por meio delas o poder de Jesus pode ficar mais evidente em nós. São as nossas fraquezas que ressaltam o fato central da nossa vida, que é: tudo o que somos e fazemos é pela graça de Deus.

Quando confiamos na bondade do Deus Criador e Pai de Jesus, podemos viver livres de preocupação com o nosso futuro, pois pertencemos a um bom Pai, Senhor de todas as coisas e que prometeu que cuidaria de nós. Podemos dar um pequeno passo após o outro, seguindo a Sua condução, e celebrar a possibilidade de recomeçar quantas vezes forem necessárias, sabendo que nenhuma vitória ou derrota da nossa parte pode mudar a bondade, fidelidade e o amor Dele.

Mantemos os nossos olhos fixos em Jesus, autor e consumador da nossa fé, o poder de querer e realizar a vontade de Deus, o caminho para a vida de verdade e para a comunhão plena com o Deus Pai e Criador. Ele, que está assentado no trono, mas está presente aqui dentro de nós pelo seu Espírito. Ele é a nossa força. Na sua graça nos movemos, existimos e estamos sendo restauradas para experimentar a cada dia mais a Sua vontade tão boa e agradável.

Porque Ele vive em nós, está nos transformando na sua imagem e prometeu que voltará para restaurar tudo de uma vez por todas, nós temos uma esperança que não pode ser abalada. Essa esperança, com a nossa fé em Jesus e a nossa prática do amor ao próximo, vai nos manter fortes até o final do caminho. Enquanto nos tornamos quem fomos criadas para ser, nossa força não será manifesta à medida que nossas fraquezas forem eliminadas, mas justamente por meio delas.

O fim que é só o (re)começo

Enquanto nosso Deus não termina sua missão de restauração de todas as coisas, viveremos em um mundo corrompido, conviveremos com a nossa própria condição humana corrompida e com pessoas também corrompidas. O Reino do filho amado do Criador já foi instituído quando Ele veio a nós, venceu o pecado naquela cruz e ressuscitou para se assentar no trono do Universo. Mas o seu Reino ainda não foi revelado.

Enquanto Ele não retornar para revelar seu reinado, ainda lidaremos com o mal e com os efeitos do mal em nós, nos outros e na criação. A vida vai ser difícil: haverá imprevistos e problemas. Pessoas ainda vão te machucar. Você ainda vai falhar. Sempre vai ter algo fora do lugar. Nem sempre você vai conseguir lidar com a vida da maneira como imaginava e queria. Haverá mais momentos do que você gostaria nos quais se sentirá cansada, sobrecarregada, impotente e sozinha na vida do lado de cá da eternidade.

Entretanto, você tem duas formas de reagir a isso: esperar pela perfeição aqui e agora e se desesperar a cada momento em que algo sair do lugar ou... esperar pelo caos aqui e agora, depender da força Daquele que venceu esse caos e que hoje habita em você – e continuar caminhando livre, leve e forte ao manter sua esperança na perfeição que há de vir quando Ele voltar. O caminhar com Jesus neste mundo corrompido depois do Éden não é sem dor e sofrimento, mas apesar da dor e do sofrimento. Ele soube o que foi sentir medo, vergonha e culpa. Só Ele soube o que foi vencê-los. E hoje Ele habita em nós, nos capacitando a lidar com toda a aflição do caminho.

A promessa de vida livre, leve e forte que Jesus nos deu não é uma promessa de uma vida em que as circunstâncias do *aqui-e-agora* estarão sempre favoráveis sem que nada de ruim nos aconteça. Mas é a promessa de que, independentemente do que aconteça, podemos confiar que tudo está cooperando para o nosso bem, como filhas amadas de Deus, chamadas de acordo com o seu propósito, que é formar o caráter de Jesus em nós e manifestar a realidade do Reino de Deus *aqui-e-agora*, enquanto Ele não volta.

Podemos seguir confiantes no fato de que Ele estará com a gente, através do seu Santo Espírito, para nos fortalecer durante todo o caminho. Como integrantes da nova humanidade que herdará o Reino de Deus, mantemos essa perspectiva realista com relação ao nosso presente ainda imperfeito, ao mesmo tempo que cultivamos a grande expectativa do futuro glorioso que nos espera quando o amado da nossa alma voltar.

Porque Ele vive, reina e um dia voltará, não perdemos a fé e esperança de que dias melhores certamente virão. Quando no caminho de Jesus, podemos escolher a fé em vez do medo. Podemos abrir mão da ilusão de controle e escolher confiar que Aquele que começou a boa obra vai terminá-la. Podemos deixar de carregar mágoa e rancor por aí. Podemos olhar para os outros não mais como competição, mas como companhia para dividir a carga do caminhar.

Quando caminhamos com Jesus, descobrimos que Ele sempre teve o controle da História e que a nossa história faz parte desse grande plano de restauração de todas as coisas criadas. Essa história tem final feliz, independentemente do que acontecer no meio dela. Tendo essa esperança que não falha, podemos experimentar o poder que opera principalmente nos momentos mais sombrios e enfraquecidos da nossa existência. Podemos sorrir com esperança diante do futuro, pois sabemos que o final é feliz por conta da nossa fé Naquele que já venceu! Podemos dizer para o nosso coração acreditar que o Criador é bom, que Ele nos ama, que vai trazer a esperança ao nosso encontro e nos salvar, mesmo que não possamos ver como ou quando.

Quando o caos se instalar, você pode correr para os braços do seu Pai, que é ninguém mais do que o Senhor de toda a História; você pode derramar suas lágrimas de frustração no colo Dele e contar com seus conselhos e orientações para lidar com qualquer problema que possa acontecer. Por meio de Jesus, você pode hoje viver com base em quem você foi criada para ser. Você tem, hoje, o poder de querer e realizar a vontade de Deus, que é o Espírito de Jesus que habita em você. Você nunca mais estará sozinha. Siga com Ele, desfrute da presença e do amor Dele. Escolha fazer parte da grande história de amor que Ele está escrevendo. Prossiga com Ele, dando pequenos passos imperfeitos, mas cheios de fé, esperança, compaixão e graça.

Ah! E quando a sua visão estiver ficando turva... procure sua amiga de alma e peça ajuda. Um par de olhos a mais pode te ajudar a encontrar a solução com mais facilidade. Não fomos feitas para passar pelo caos sozinhas! No caminho de Jesus, para que a vida permaneça livre, leve e forte, precisamos de companheiras de caminhada. Só assim manteremos a fé, a esperança e o amor: ao seguirmos juntas, nos encorajando e sustentando, contando com a presença e o poder do Espírito Santo para lidar com a imperfeição da vida fora do Éden. Para nós, que caminhamos com Ele, o fim destes tempos corrompidos pelo pecado será somente o recomeço definitivo pelo qual nós sempre esperamos. Até que esse dia chegue, seguimos juntas, cada dia um pouco mais livres, leves e fortes, pelo poder do nosso Rei e para a glória do seu Reino, até que essa glória seja plenamente revelada e nossos corações sejam completamente restaurados e preenchidos.

Este livro foi impresso pela Santa Marta para a
Thomas Nelson Brasil em 2024.
A fonte usada no miolo é Alegreya Sans 11/15
O papel do miolo é snowbright 70g/m².